GRAMMAR RULES

Grundlagen
der englischen Grammatik

von Brigitte Stemmer und Terence Wynne

unter Leitung und Mitwirkung
der Verlagsredaktion Weiterbildung Fremdsprachen

Ernst Klett Verlag

GRAMMAR RULES

von

Brigitte Stemmer, Essen
Terence Wynne, Esslingen

beratende Mitarbeit
Michael Easterbrook, Sindelfingen
Karl-Heinz Noetzel, Ehningen

unter Leitung und Mitwirkung
der Verlagsredaktion Weiterbildung Fremdsprachen;
Mitarbeit an diesem Werk:
Dr. Klaus Finger, Dr. Sabina Fleitmann, Verlagsredakteure

zeichnerische Gestaltung
Jari Cuypers, Krefeld

Quellennachweis
Foto: Pressefoto Baumann, Ludwigsburg: 9
Cartoons: © 1988 SOLO/BULLS: 27;
Punch Publications Ltd, London: 207; Register
and Tribune Syndicate, Des Moines, Iowa: 10, 11.

1. Auflage 1 5 4 3 2 1 | 1992 91 90 89 88

Alle Drucke dieser Auflage können im Unterricht nebeneinander benutzt werden, sie sind untereinander unverändert. Die letzte Zahl bezeichnet das Jahr dieses Druckes.

Satz: Setzerei Lihs, Ludwigsburg.
Druck: KLETT DRUCK Stuttgart/Korb.
ISBN: 3-12-505610-1

Vorwort

Die vorliegende Grammatik soll sowohl Anfängern als auch Fortgeschrittenen den Aufbau der englischen Sprache in ihren Grundlagen vermitteln. Das ausgewählte Beispielmaterial bezieht sich auf alle wesentlichen Erscheinungen des modernen britischen Englisch – amerikanisches Englisch wird gleichwohl in einem gesonderten Abschnitt berücksichtigt.
Im Vordergrund steht die Beschreibung der gesprochenen Sprache; entsprechend orientieren sich die ausgewählten Themenbereiche überwiegend an Situationen des Alltagslebens.

Zielgruppe

Grundlagen für die Beschreibung des Englischen sind das VHS-Zertifikat Englisch des Deutschen Volkshochschul-Verbandes sowie die einschlägigen Lehrpläne der Sekundarstufe I in den einzelnen Bundesländern. „Grammar Rules" wendet sich damit an Lernende in der Erwachsenenbildung und zugleich an Schüler der Sekundarstufe I an allgemeinbildenden Schulen.

Einsatzmöglichkeiten

Die Grammatik kann lehrwerkbegleitend im Unterricht oder zum Selbststudium eingesetzt werden, als Wiederholungsgrammatik aber auch zur Vorbereitung auf das VHS-Zertifikat Englisch oder den Übergang in die Sekundarstufe II an allgemeinbildenden Schulen benutzt werden.

Aufbau

Eine ganze Reihe von benutzerfreundlichen Lernhilfen erleichtert die Arbeit mit „Grammar Rules":
- wesentliche Spracherscheinungen werden in „Grundregeln" gefaßt;
- formelle und informelle Sprachebenen werden gesondert gekennzeichnet;
- die zweisprachige Terminologie erleichtert den Zugang zu den behandelten Sprachkomplexen;
- die deutschen Übersetzungen zu ausgewählten Beispielen sichern das Textverständnis und kontrastieren gleichzeitig die Zielsprache mit der Muttersprache;
- mit dem Sonderkapitel „Fehler-Hitliste" kann Gelerntes im Selbststudium kontrolliert werden;
- die zeichnerische Gestaltung erhellt nicht nur Sachverhalte; sie soll auch dazu beitragen, daß die Arbeit mit einer landläufig als „trocken" bezeichneten Materie Spaß macht.

Autoren und Verlagsredaktion

Verwendete Symbole:

▷ = Querverweis auf andere Abschnitte der Grammatik, in denen das gleiche oder ein ähnliches Problem angesprochen wird

→ = Verweis auf Entsprechungen

● = Hinweis auf übersetzte Beispielsätze

 = Hinweis auf konstrastive Aspekte

 = Hinweis auf Regelabweichungen

Inhalt

Abschnitt			Seite
	Einleitung: Kommunikation – Text – Satz		7
	Kapitel 1: Der einfache Satz		
1–2	Satzarten – Satzarten und Sprechabsicht		12
3–16	Aussagesätze		13
	3	Wortstellung	13
	4	Ergänzungen: Direktes und indirektes Objekt	14
	5	Ergänzungen: Adverbiale Bestimmungen	15
	6–10	Verneinte Aussagesätze	16
	11–14	Verkürzte Aussagesätze	18
	15–16	Aussagesätze mit *there* als Subjekt – Kurzantworten mit *there*	22
17–24	Fragesätze		23
	17–21	Entscheidungsfragen	23
	22	Fragesätze mit Fragewörtern	25
	23	Frageanhängsel	26
	24	Verkürzte Fragen	27
25–26	Aufforderungssätze		28
27	Ausrufesätze		30
	Kapitel 2: Das Verb – Ergänzungen		
28	Ergänzungen: Eine tabellarische Übersicht		31
29	Verben mit und ohne Ergänzungen		32
30–32	Verben mit direktem Objekt – ohne direktes Objekt – mit zwei Objekten		32
33–34	Präpositionalverben und Partikelverben		34
35	Verben mit reflexivem Objekt		36
36–37	Verben mit Subjektkomplement – Verben mit Objektkomplement		37
	Kapitel 3: Der Verbteil – die Zeitformen und ihr Gebrauch		
38	Die englischen Zeitformen – eine tabellarische Übersicht		39
39	Verbformen mit *would*		40
40	Zeit und Zeitform im Englischen und Deutschen		40
41	Zeitform und Bedeutung		42
42–43	Zeitform und Zeitbezug – Zeitform und Aspekt		43
44	Regelmäßige und unregelmäßige Verben		44
45–49	*Continuous Form* und *Simple Form*		44
	47–49	Handlungsverben und Zustandsverben	46
50–53	*Present Tense*		49
54–58	*Past Tense*		52
	58	*Past Simple* und *Past Continuous* – eine Gegenüberstellung	54
59–63	*Present Perfect*		55
	63	*Present Perfect Simple* und *Present Perfect Continuous* – eine Gegenüberstellung	59
64–66	*Present Perfect* oder *Past?*		60
67–70	*Past Perfect*		63
71–82	Zukunft – Möglichkeiten der Darstellung		65
	71–72	*will-Future (Future Simple)*	65
	73–74	*going to-Future*	66
	75	*Present Continuous* als Ausdruck von zukünftigen Ereignissen	67

	76–77	*Future Continuous*	67
	78	*Present Simple* als Ausdruck von zukünftigen Ereignissen	68
	79	Verben mit Zukunftsbedeutung	69
	80	Zukunft und Zeitkonjunktionen	69
	81–82	*Future Perfect Simple*	70
83–86	Verbformen mit *would*		70
	83–84	*Conditional Simple*	71
	85–86	*Conditional Perfect Simple*	72

Kapitel 4: Das Passiv

87	Überblick über die gebräuchlichsten Zeitformen im Passiv		73
88	Passiv und Aktiv		74
89–90	Passiv: Form und Gebrauch		74
91	Satzmuster im Passiv		76
92	Passiv im Englischen – im Deutschen die „man"-Konstruktion		77
93	Das Passiv mit Verben des Meinens und Berichtens		78
94	Das *get*-Passiv		78

Kapitel 5: Die Hilfsverben

95	Vollverben und Hilfsverben		79
96	Primäre Hilfsverben		80
97–122	Die modalen Hilfsverben		81
	97	Die Form der modalen Hilfsverben	81
	98	Die Ersatzformen der modalen Hilfsverben	82
	99–122	Gebrauch der modalen Hilfsverben	84
	117–121	Verbkonstruktionen mit modalem Charakter	99
	122	Übersicht über Sprechabsichten und modale Hilfsverben	102

Kapitel 6: Infinite Konstruktionen

123	Die finite und infinite Form des Verbs		105
124	Bildung der infiniten Verbformen		106
125	Übersicht über die infiniten Konstruktionen		108
126–132	Der Infinitiv		111
	126–131	*to*-Infinitiv	111
	132	Ø-Infinitiv	114
133–136	Die *-ing*-Form		115
137–139	*-ing*-Form oder Infinitiv?		118
140	Übersicht über Verben, denen eine infinite Form eines Verbs folgt		122
141	Die *-ing*-Form und das Partizip Perfekt		123

Kapitel 7: Der Nominalteil

142–151	Das Nomen		125
	142	Das Geschlecht der Nomen	125
	143–149	Singular und Plural der Nomen	126
	150–151	Der *'s*-Genitiv – *of* anstelle des *'s*-Genitivs	130
152–158	Der Artikel		132
159–164	Personalpronomen		136
165–168	Possessivbegleiter und Possessivpronomen		139
169	Reflexivpronomen		141

170 Demonstrativbegleiter und Demonstrativpronomen ... 142
171 Fragewörter ... 144
172 Relativpronomen ... 146
173–183 Indefinite Begleiter und Pronomen ... 147

Kapitel 8: Das Adjektiv

184–186 Gebrauch und Stellung der Adjektive ... 156
187–188 Steigerung von Adjektiven ... 158

Kapitel 9: Das Adverb

189 Adverb oder Adjektiv? ... 162
190–191 Gebrauch der Adverbien – Form der Adverbien ... 163
192 Adverb – Adjektiv: gleiche Form – gleiche Bedeutung ... 165
193 Adverb – Adjektiv: gleiche Form – unterschiedliche Bedeutung ... 165
194 Zwei Adverbien: ähnliche Form – unterschiedliche Bedeutung ... 166
195–196 Steigerung der Adverbien – Gebrauch der Steigerungsformen ... 167
197 Stellung der Adverbien ... 168
198–205 Die Stellung verschiedener Adverbien ... 169

Kapitel 10: Der komplexe Satz

206 Form ... 174
207 Die Verbindung von Hauptsätzen ... 175
208 Die Funktion von Nebensätzen ... 175
209 Die Wortstellung im Nebensatz ... 176
210 *that*-Sätze ... 176
211–217 Relativsätze ... 177
218–227 Adverbiale Nebensätze ... 181
228–232 Bedingungssätze (*if*-Sätze) ... 184
233–239 Indirekte Rede ... 187

Kapitel 11: Präpositionen

240 Allgemeiner Gebrauch von Präpositionen ... 191
241–242 Räumliche Präpositionen – Zeitliche Präpositionen ... 192
243 Präpositionen zum Ausdruck der Art und Weise und des Grundes ... 192
244 Präpositionen in übertragener Bedeutung ... 192
245 Häufige Präpositionen und ihre deutschen Entsprechungen ... 193

Kapitel 12: Fehler-Hitliste ... 195

Anhang 1: Zahlen, Datum, Uhrzeit – Maße und Gewichte ... 205

Anhang 2: Britisches Englisch – Amerikanisches Englisch ... 213

Anhang 3: Besonderheiten ... 216

Index ... 220

Einleitung Kommunikation – Text – Satz / Communication – text – sentence

Wenn wir unsere Gedanken mitteilen und mit anderen Menschen in Kontakt treten wollen, dann können wir uns der Sprache bedienen. Wir können uns schriftlich oder mündlich äußern. In beiden Fällen benutzen wir nicht wahllos Worte, sondern wir äußern die Worte in einer bestimmten Reihenfolge. Wir beziehen die Worte aufeinander, so daß schließlich für uns sinnvolle Äußerungen entstehen, das heißt Texte. Gleichzeitig passen wir unsere Äußerungen bestimmten Situationen und Adressaten an. In einem Gespräch oder in einem Telefongespräch mit einer Freundin drücken wir uns sicherlich umgangssprachlicher, das heißt informeller aus, als wenn wir mit einem Hotel- oder Bankangestellten sprechen würden. In einem solchen Fall hat unsere Sprache einen mehr formellen Charakter.
Beim direkten Gespräch haben wir den Gesprächspartner oder die Gesprächspartnerin vor uns und nehmen somit auch deren Mimik und Gestik wahr. Mimik und Gestik allein können schon einiges ausdrücken, wie zum Beispiel Freude, Trauer, Wut und so weiter. Im Zusammenspiel mit sprachlichen Äußerungen tragen sie dazu bei, daß das, was ausgedrückt werden soll, auch richtig „ankommt". Beim Telefongespräch dagegen ist es nicht möglich, Mimik und Gestik zu beobachten. Dies kann sich auf unser Sprechverhalten auswirken, indem wir zum Beispiel durch Betonung, Wortwahl und Satzstellung den fehlenden Blickkontakt auszugleichen versuchen. Neben den Adressaten und der Situation spielen so auch die „technischen" Umstände für unser sprachliches Verhalten eine Rolle.
Soviel zum mündlichen Sprachgebrauch. Anstatt mündlich können wir uns aber auch schriftlich äußern. Wie bei der gesprochenen Sprache können wir auch bei der Schriftsprache zwischen formellem und informellem Sprachgebrauch unterscheiden, je nachdem, ob wir zum Beispiel der Freundin oder dem Hotelangestellten einen Brief schreiben. Wir können auch ein Telex schicken, wobei der Text wiederum anders aussieht als der eines Briefes.
Wir unterscheiden also zwischen **Schriftsprache** und **gesprochener Sprache** und zwischen **informellem** und **formellem** Sprachgebrauch.

Die Reservierung eines Hotelzimmers könnte zum Beispiel so formuliert sein:

Schriftsprache: Formell

Dear Sir or Madam,
My friend and I are planning a trip to London this summer and we would like to make a reservation. We will be arriving in London on August 7th and we intend to stay for 8 nights. I would be grateful if you could reserve a double room with a bath from August 7th to August 15th.
Would you be so kind as to confirm this booking.

Yours faithfully,

Schriftsprache: Formell

Sehr geehrte Damen und Herren,
mein Freund und ich planen in diesem Sommer einen Kurzurlaub in London, und wir würden gern ein Zimmer reservieren. Wir kommen am 7. August in London an und bleiben 8 Nächte. Ich wäre Ihnen sehr dankbar, wenn Sie uns ein Doppelzimmer mit Bad vom 7. bis 15. August reservieren könnten.
Ich würde mich freuen, wenn Sie die Reservierung bestätigen könnten.

Hochachtungsvoll

Ein Brief an eine Freundin könnte zum Beispiel so aussehen:

Schriftsprache: Informell

Dear Judy,
Guess what! I'm actually gonna make it to London this year. Great, eh? We haven't met for quite some time now. How are things going? There'll be a lot to talk about. I take it you can put me up in your flat for 5 or 6 days? Would that be ok?
Give my love to Joey.
See you soon, Love

Schriftsprache: Informell

Liebe Judy,
stell Dir das bloß vor! Ich schaff's doch tatsächlich, dieses Jahr nach London zu kommen. Toll, was? Wir haben uns ganz schön lange nicht mehr gesehen. Wie geht's denn so? Es gibt bestimmt eine Menge zu erzählen. Ich nehm an, daß Du mich für 5 oder 6 Tage in Deiner Wohnung unterbringen kannst? Ist das okay?
Liebe Grüße auch an Joey.
Bis bald, alles Liebe

Andy Whittle spricht mit einem Bankmanager:

Gesprochene Sprache: Formell

- Mr Whittle is it
- Yes – that's right
- How do you do Mr Whittle – my name's Greedy
- How do you do
- Please take a seat
- Thank you
- Well Mr Whittle what can we do for you
- Well – I'm erm planning to build a house you see – er
- Uhum – yes
- And erm of course I'm looking for ways of financing such an undertaking

Gesprochene Sprache: Formell

- Sie sind Herr Whittle
- Ja richtig
- Guten Tag – mein Name ist Greedy
- Angenehm
- Nehmen Sie doch Platz
- Danke
- Nun Herr Whittle was kann ich für Sie tun
- Ja also – ich äh hab vor ein Haus zu bauen wissen Sie – und äh
- Uhum – ja
- Ehm – natürlich überlege ich wie ich das Vorhaben finanzieren soll

Andy spricht mit einer Freundin:

Gesprochene Sprache: Informell

- Hi Judy long time no see
- Yeah – it's been a long time – how's it going
- To be honest not too good
- Oh sorry to hear that – what's up
- Well – you see – I've been looking for a job for months now and my landlord is really getting a bit upset about the rent and er – you know I'm really broke and er – well – actually I wanted to ask you if you could help me out with a month's rent

Gesprochene Sprache: Informell

- Hallo Judy lange nicht gesehen
- Ja – ganz schön lange her – wie gehts denn so
- Ehrlich gesagt nicht besonders
- Ach – das tut mir aber leid – was isn los
- Na ja weißte ich such seit Monaten 'nen Job und mein Vermieter wird jetzt doch 'n bißchen unruhig wegen der Miete ne und äh ja also ich bin total pleite und äh – na ja ich wollt dich mal fragen ob du mir nicht vielleicht die Miete für einen Monat leihen kannst.

Beiden Briefen und Dialogen liegen ähnliche Mitteilungsabsichten zugrunde, die jedoch unterschiedlich ausgedrückt werden. Durch die Auswahl und Zusammensetzung der einzelnen Textelemente, d. h. der Worte, Wortgruppen und Sätze, entstehen unterschiedliche Texte. Bei der gesprochenen Sprache kommen noch Elemente wie „Lückenfüller" *(er, uhum, you know, you see)*, Mimik/Gestik und Betonung hinzu. So kann zum Beispiel ein „Lückenfüller" der Verständigung zwischen den Gesprächspartnern dienen, ein bestimmter Gesichtsausdruck eine Äußerung ironisch werden lassen und eine bestimmte Betonung aus einer Aussage eine Frage machen.

Die Rolle von Gestik und Mimik

Körpersprache spielt in bestimmten Situationen eine besonders wichtige Rolle bei der Verständigung.
Die abgebildete Szene aus einem Fußballspiel zeigt, wie Schiedsrichter und Spieler im wahrsten Sinne des Wortes mit Händen und Füßen reden.

Die Rolle der Betonung

- Where's Jonathan?
- He's still in bed.
- Well, I'm afraid I've got to wake him up.

Der Aussagesatz hat den Charakter einer Mitteilung.

- Where's Jonathan?
- He's still in bed.
- He's still in bed?
  (Er ist noch im Bett? Er schläft doch sonst nicht so lange.)

Der Aussagesatz hat die Funktion einer Frage und drückt hier Überraschung oder Ungläubigkeit aus.

- Where's Jonathan?
- He's still in bed.
- He's **still** in bed?
  (Er ist immer noch im Bett? Ich habe ihn doch vor einer halben Stunde geweckt. Er wollte mich zur Arbeit fahren.)

Auch hier hat der Aussagesatz die Funktion einer Frage. Zusätzlich wird das Wort *still* besonders betont. Dieser Satz könnte Mißfallen oder Verärgerung ausdrücken.

Eine fremde Sprache lernen umfaßt mehr, als nur einfach Vokabeln und Grammatikregeln zu lernen. Wichtig ist auch, die Lebensweise und Gepflogenheiten der Menschen in dem anderen Land zu kennen. Was für Deutsche als fast übertriebene Höflichkeit erscheint, kann zum Beispiel für Briten völlig normal sein. Umgekehrt kann die von Briten als rüde empfundene Art der Deutschen für Deutsche völlig normal sein. Nicht nur im Verhalten, sondern auch in der Sprache drücken sich solche Unterschiede aus.
Im nebenstehenden Cartoon wird die sprichwörtliche britische Höflichkeit aufs Korn genommen. Als englischer Gentleman besteht der Überfallene darauf, daß der Dieb auch in dieser heiklen Situation Anstand zeigt und höflich um das Geld bittet.

Wenn wir einen Kaffee bestellen wollen, dann ist die Aussage „Ich möchte eine Tasse Kaffee" im Deutschen durchaus angemessen und „normal höflich". Die von Deutschen häufig benutzte Übersetzung dieses Satzes *I want a cup of coffee* ist zwar grammatisch möglich, wird aber von Briten als unhöflich empfunden. *Could I have a cup of coffee, please* oder *A cup of coffee, please* sind hier angemessen.

Wenn wir von jemandem das Auto ausleihen wollen, könnte das je nach Situation und Adressat so aussehen:

I wonder if I could possibly borrow your car for the afternoon?

Könntest du mir vielleicht heute nachmittag dein Auto ausleihen?

Sehr formelle und höfliche Bitte (zum Beispiel Bitte an entfernteren Bekannten)

Could I have the car for the afternoon, Mum?

Kann ich heute nachmittag dein Auto haben, Mutti?

Eher neutrale höfliche Bitte (zum Beispiel Tochter an Mutter)

Lend me your car for an hour, will you?*

Leih mir mal dein Auto für eine Stunde.

Informelle höfliche Bitte (zum Beispiel unter Freunden);
* *Lend me your car* wird von den Briten als unhöflich empfunden.

In manchen Situationen genügt allein schon eine Geste oder ein Wort, um etwas Bestimmtes auszudrücken. Hier einige Beispiele mit der beliebten amerikanischen Figur Dennis:

Dennis' Ausruf und die begleitende Gestik und Mimik sagen uns bereits, daß Dennis über irgendeine Fernsehnachricht bestürzt beziehungsweise erschüttert ist.

"OH, NO!"

"THE BIGGEST CARROT CROP IN TEN YEARS."

Im nächsten Bild erklärt der Vater der hereinkommenden Mutter den Grund für Dennis' Bestürzung: „Die größte Karottenernte seit 10 Jahren." Die amerikanischen Leser, die Dennis kennen, wissen, daß er Karotten haßt.

In den meisten Fällen fügen wir jedoch mehrere Worte zu Wortgruppen und Sätzen und letztendlich zu Texten zusammen. Aufgrund von Vorwissen und Erfahrung sind wir in der Lage, Beziehungen innerhalb von Sätzen und zur Situation herzustellen und Äußerungen zu verstehen.

Das Bild gibt uns über die Situation Auskunft: Die Mutter wartet mit dem Essen, Dennis kommt eilig angerannt. Er begründet seine Verspätung und drückt damit gleichzeitig eine Entschuldigung aus.

"I KNOW I'M LATE, BUT A BIRD WAS SINGING TO ME AN' IT WASN'T POLITE TO LEAVE BEFORE HE FINISHED."

„Ich weiß, ich komme zu spät, aber ein Vogel hat mir was vorgesungen, und es war nicht höflich wegzugehen, bevor er fertig war."

Beim Lesen des Textes erkennen wir, daß dieser aus Worten und Wortgruppen besteht, die untereinander und zur Situation in Beziehung stehen. Wir beziehen die Pronomen *I* und *me* auf Dennis und erkennen, daß er der Sprecher ist. Dennis fügt die Worte *I, know, be, late* zu dem Aussagesatz *I know I'm late* zusammen. In dieser Aussage stecken zwei Informationen: Zum einen die Information, daß Dennis weiß, daß er zu spät kommt; zum anderen die Information, die wir erhalten, wenn wir die Aussage zu der Situation in Beziehung setzen. Wir sehen dann den „tieferen Sinn" in der Aussage: Dennis ist sich bewußt, etwas falsch gemacht zu haben.

Aus Erfahrung wissen wir, daß wir ein bestimmtes Fehlverhalten zu rechtfertigen und zu entschuldigen versuchen. Genau das tut auch Dennis in seiner folgenden Aussage.

Er gebraucht das Bindewort *but* und signalisiert damit, daß nun eine Rechtfertigung oder Entschuldigung folgt. Diese besteht aus den Aussagen *a bird was singing to me* und *it wasn't polite to leave before he finished*, die durch das Bindewort *and* miteinander verknüpft sind.

Auch die im Text auftretenden Verben geben uns mehrere Informationen. Sie beschreiben einen Zustand (*'m late*) und eine Handlung (*was singing*), und sie geben uns Hinweise auf die Zeit, in der etwas geschieht: *was singing* informiert zum einen darüber, was der Vogel getan hat, und wann er es getan hat, nämlich in der Vergangenheit, das heißt bevor Dennis nach Hause gekommen ist.

In der Muttersprache haben wir meist keine Schwierigkeiten, Wörter zu verstehen, Beziehungen zwischen Wörtern und Sätzen zu erkennen und sie entsprechend der Situation zu interpretieren. Daß eine Sprache nicht nur einfach aus einzelnen Wörtern besteht, wird uns meist erst dann bewußt, wenn wir eine Fremdsprache lernen wollen. Ein bestimmtes deutsches Wort in die Fremdsprache übertragen zu können, hilft uns zwar einen Schritt weiter; trotzdem sind wir noch nicht in der Lage, zusammenhängende Texte zu produzieren. Wir müssen auch lernen, wie diese Wörter zu Sätzen zusammengesetzt und wie Sätze zu Texten zusammengefügt werden können. Und letztendlich müssen wir unser Vokabel- und Grammatikwissen auch noch der Situation angemessen einsetzen können.
Da es schwierig ist, alle Eigenschaften eines Textes zu beschreiben, ist es sinnvoll, einen Teilaspekt herauszugreifen, der möglichst gut beschrieben und gelernt werden kann. Ein solcher Aspekt ist der formale, grammatische Aufbau einer Sprache.

Kapitel 1 Der einfache Satz The simple sentence

1 Satzarten Types of sentence

Im Englischen gibt es wie im Deutschen vier verschiedene Satzarten.

I like ice cream. I don't eat meat.	Aussagesätze (▷ 3–16)	*statements*
Would you like a cup of tea? When do you have breakfast?	Fragesätze (▷ 17–24)	*questions*
Have some more soup! Don't play with your food!	Aufforderungssätze (▷ 25–26)	*imperatives*
What a great meal! Wow!	Ausrufesätze (▷ 27)	*exclamations*

2 Satzarten und Sprechabsicht Types of sentence and speech intention

Die starre grammatische Einteilung in Satzarten entspricht nicht immer der Sprachwirklichkeit.
In bestimmten Situationen kann ein Aussagesatz zum Beispiel den Charakter einer Aufforderung annehmen oder auch eine Bitte beziehungsweise eine Frage beinhalten.

Simon, the phone's ringing. Darling, the baby's crying.	Diese Feststellungen enthalten eine versteckte Aufforderung oder Bitte.
Oh George, you haven't lost your new watch? You've passed your driving test?	Aussagesätze können auch Fragen beinhalten, besonders zum Ausdruck von Überraschung, Freude oder Unglauben. Der Fragecharakter wird durch die Satzmelodie zum Ausdruck gebracht.

Umgekehrt kann auch ein Fragesatz eine Aussage oder eine Aufforderung zum Inhalt haben.

Well, isn't that nice?
Aren't you clever?
Are you crazy?
Is that window open again?

Diese Fragesätze bedürfen keiner Antwort. Sie sind eigentlich Feststellungen oder Aufforderungen, verbunden mit einem Unterton von Freude, Ironie oder Verärgerung.

3 ↓ 16

Aussagesätze Statements

3 Wortstellung Word order

Subjektteil	Verbteil	
	Hilfsverb(en)	Vollverb
● Sheila		cheats.
I		know.
The policeman	is	coming.
● The crime	has been	solved.

● Sheila mogelt.
● Das Verbrechen ist aufgeklärt worden.

Aussagesätze bestehen aus mindestens zwei Teilen: Subjektteil + Verbteil.

Der Verbteil kann einteilig sein oder aus Hilfsverb(en) und Vollverb bestehen.

Subjektteil	Verbteil	Ergänzung
My leg	hurts.	
The boy	was crying.	
● He	can play	the piano.
● I	have lost	all my money.

● Er kann Klavier spielen.
● Ich habe mein ganzes Geld verloren.

Grundregel:

In Aussagesätzen steht der Subjektteil vor dem Verbteil.

Oft wird der Satz durch eine Ergänzung erweitert.

Abweichende Wortstellung im Deutschen

Ergänzung	Subjektteil	Verbteil	Ergänzung
● Sometimes	the manager	helps	the shop-assistant.
● Of course	she	has been working	here for a long time.

● Manchmal hilft der Geschäftsführer der Verkäuferin.
● Natürlich arbeitet sie hier schon lange.

Selbst wenn eine Ergänzung am Satzanfang steht, gilt die Grundregel:

Subjektteil **vor** Verbteil

Abweichende Wortstellung im Deutschen

4 Ergänzungen: Direktes und indirektes Objekt — Complementation: direct and indirect object

- Hell, I forgot to write **that letter**.
- Why don't you write **it** now?
- Because I've got **an important appointment**.
- If it's that urgent, I can write **it**.
- That would be really nice.

- Did you find **a birthday present**?
- Yes, I've bought a **cookery book**.
- That's a good idea. I've got **a record**.

- I can't find **my keys**.
- I think Jane has **them**.
- Ah yes. But how can I contact **her**?

Grundregel:

Dem Verbteil folgt der Objektteil.

Subjektteil – Verbteil – Objektteil

Im Englischen unterscheiden wir zwischen indirektem und direktem Objekt. Zur Unterscheidung ist folgende Faustregel nützlich:

Tritt in einem Satz nur ein einziges Objekt auf, dann handelt es sich um das direkte Objekt.

Treten in einem Satz zwei Objekte auf, dann bezieht sich das direkte Objekt meist auf eine Sache, mit der etwas geschieht („wen?" „was?").

Das indirekte Objekt bezieht sich im allgemeinen auf eine Person, der etwas gegeben wird („wem?" „für wen?").

I forgot to write **her** **a letter**.
I've bought **Tom** **a cookery book**.
I gave **her** **the keys**.
The social worker found **a group of foreigners** **a flat**.

Treten indirektes und direktes Objekt zusammen in einem Satz auf, dann gilt:

indirektes Objekt **vor** direktem Objekt

- Did you get **a birthday present** **for Tom**?
- Yes, I bought **a cookery book** **for him**.
- I gave **it** **to him** this morning.

- Hell, I forgot to write **that letter** **to Mrs Murphey**.
- Why don't you write **it** **to her** now?
- Because I've got an important appointment.
- If it is that urgent, I can write **it** **for you**.

- Did you like the new curtains?
- Well, yes. She showed **them** **to me** yesterday.

Steht vor dem indirekten Objekt ein *to* oder *for*, dann gilt:

direktes Objekt – *to/for* + indirektes Objekt

Ist das direkte Objekt *it* oder *them*, wird das indirekte Objekt mit *to* oder *for* angeschlossen.

- Could you **pay** the beer **for me,** please?
- Sorry, but I **gave** my last money **to Bert**.

I **told** that funny story **to my friends** last week.

- Did you **find out** his new address **for me**?
- Yes, I asked Janet and she **gave** it **to me**.

Verben, denen das indirekte Objekt mit *to* folgen kann:

bring, give, pass, pay, send, show, take, tell, write

Verben, denen das indirekte Objekt mit *for* folgen kann:

bring, buy, find, get, make

Could you **explain** your opinion **to us**?
Mrs Hudson **described** the murderer **to them**.
He **admitted** the robbery **to the police**.

Bei folgenden Verben wird das indirekte Objekt mit *to* nachgestellt:

admit, describe, explain, mention, say, suggest

Könntest du uns deine Meinung erklären?
Mrs Hudson beschrieb ihnen die Mörderin.
Er gestand der Polizei den Raub.

Abweichende Wortstellung im Deutschen

5 Ergänzungen: Adverbiale Bestimmungen — Complementation: adverbials

I've **never** seen anything like that **before**. **Of course** I've **often** heard about UFOs. But when I **actually** saw them **last night**, **I really** couldn't believe it. I was standing **outside in the garden**. It all happened so **quickly**. When I **finally** called my friend, they had **already** disappeared. Now nobody believes me.

Grundregel:

Adverbiale Ergänzungen treten an verschiedenen Stellen im Satz auf. Sie stehen jedoch **nicht** zwischen Vollverb und direktem Objekt (▷ 197–205).

6 → 10

Verneinte Aussagesätze — Negative statements

6

Verneinung von Aussagesätzen mit Hilfsverben (außer *do*) — Negation of statements with auxiliaries (except *do*)

Subjektteil	Hilfsverb(en)	Vollverb	Ergänzung
It	is**n't**	raining	any more.
The girl	has**n't**	been	here long.
● You	must**n't**	drive	so fast.
The players	had**n't**	heard	the bad news.
● I	ca**n't**	tell	the difference.
Mary	wo**n't**	be	here until tomorrow.
Dogs	are **not**	allowed	in the pub.
● You	must **not**	eat	in class.
You	can**not**	go	home in this weather.
● He	may **not**	come	to your party.

- Du darfst nicht so schnell fahren.
- Ich kann den Unterschied nicht erkennen.
- Man darf während des Unterrichts nicht essen.
- Es könnte sein, daß er nicht zu deiner Party kommt.

Grundregel:

Der Satz wird verneint durch Anhängen von *n't* an das erste Hilfsverb.

Hilfsverb + *not*
→ formell oder betont

Bei *may* ist nur die volle Form möglich.

7 Verneinung von Aussagesätzen ohne Hilfsverben — Negation of statements without auxiliaries

Aussagesätze ohne Hilfsverben werden mit den *do*-Formen *don't/doesn't (Present Simple)* oder *didn't (Past Simple)* verneint.

Subjektteil	*do*-Form	Vollverb	Ergänzung
I	**don't**	drink	beer.
We	**don't**	have	much time.
The Smiths/They	**don't**	live	here any more.
Steve/He	**doesn't**	believe	me.
That waitress/She	**doesn't**	earn	very much.
● It	**doesn't**	matter.	
● I	**do not**	see	your point.
The president	**does not**	agree.	

Grundregel:

Bei der Zeitform *Present Simple* wird eine Form von *do* hinter dem Subjektteil eingefügt.

Bei *I, you, we, they* steht *don't.*

Bei *he, she, it* steht *doesn't.*

Nach *don't, doesn't* steht immer die Grundform des Vollverbs, der Infinitiv.

do not/does not
→ formell oder betont.

- ● Das macht nichts.
- ● Ich verstehe nicht, was Sie sagen wollen.

Subjektteil	*do*-Form	Vollverb	Ergänzung
The team	**didn't**	play	very well.
I	**didn't**	see	you yesterday.
● The bus	**didn't**	come	till ten o'clock.

Grundregel:

Bei der Zeitform *Past Simple* steht nach allen Personen *didn't (did not)* + Infinitiv.

- ● Der Bus kam erst um zehn Uhr.

8 Verneinung von Aussagesätzen mit *be* — Negation of statements with *be*

Subjektteil	Verbteil	Ergänzung
They	are**n't**	very happy about it.
He	is**n't** speaking	to me.
The book	was**n't**	very interesting.

In Aussagesätzen wird *be* nie mit *do* verneint.

9 Verneinung von Aussagesätzen mit *have* — Negation of statements with *have*

I've paid the bill. He's got a new car. They had already made the mistake.	I have**n't** paid the bill yet. No, he has**n't** got a new car. They had**n't** made such a mistake before.

Wenn *have* als Hilfsverb vorkommt, wird der Satz mit *n't/not* verneint (▷ 6).

I usually have a drink before dinner. He had an accident on the motorway yesterday.	I **don't** have a drink before dinner. They **didn't** have an accident – the car broke down.

Wenn *have* als Vollverb vorkommt (kein weiteres Verb im Satz), wird mit *do* verneint (▷ 7).

10 Verneinung mit Negativwörtern — Negation with negative words

Nobody solved the problem.
He had **no** chance at all.
I **never** tell lies.

Grundregel:

Wird ein Aussagesatz mit Negativwörtern wie *no, nobody, never* verneint, erfolgt keine Umschreibung mit *do.*

11 ↓ 14 Verkürzte Aussagesätze — Ellipsis in statements

Zur schnelleren Übermittlung einer Information, zur Vermeidung von Wiederholungen oder einfach aus „Mundfaulheit“ werden Sätze oft verkürzt.

11 Kurzaussagen — Short statements

Nice to meet you.
Doesn't matter.
No idea.
Game Baker.

Dabei handelt es sich oft um Redewendungen oder um Sprachfloskeln.

Nett, Sie kennenzulernen.
Macht nichts.
Keine Ahnung.
Spiel Baker. (Tennis)

Im Deutschen können Aussagesätze auf ähnliche Weise verkürzt werden.

12 Kurzaussagen als Kommentar   Short statements as comment

Oft möchte man einen übereinstimmenden oder abweichenden Kommentar zu einer vorhergehenden Aussage abgeben. Um den Aussagesatz nicht wiederholen zu müssen, verwendet man Kurzaussagen. Dabei gibt es verschiedene Ausdrucksmöglichkeiten.

Übereinstimmender Kommentar mit *so* oder *too*

Bejahte Aussage	Bejahter Kommentar
• We'**re** going to Switzerland for our holidays.	**So are** we. We **are**, too.
• I'**ve** had enough of the weather in Britain. We'**ve** got a lovely room.	**So have** I. **So have** we. We **have, too**.
We **spent** a wonderful week in Lausanne. I **love** Switzerland.	**So did** we. I **do, too**.

• Wir fahren in die Schweiz in Urlaub. • Ich habe genug vom britischen Wetter.	Wir auch. Ich auch.

Enthält die Aussage ein Hilfsverb, wird im Kommentar das erste Hilfsverb wiederholt.
so wird vorangestellt.
too wird nachgestellt.

Enthält die Aussage kein Hilfsverb, wird im Kommentar eine Form von *do* verwendet (▷ 7).

Im Deutschen wird das Verb nicht wiederholt.

Übereinstimmender Kommentar mit *either, neither/nor*

Verneinte Aussage	Verneinter Kommentar
Mark **doesn't** think much of their new house.	Tom **doesn't either**. **Neither does** Tom. **Nor does** Tom.
We **weren't** even invited to their party.	I **wasn't either**. **Neither was** I. **Nor was** I.

Mark hält nicht viel von ihrem neuen Haus. Wir waren nicht mal zu ihrem Fest eingeladen.	Tom auch nicht. Ich auch nicht.

Es gibt für den Kommentar zwei Möglichkeiten:

1. verneintes Hilfsverb + *either*
2. *neither/nor* + bejahtes Hilfsverb

Verkürzter Kommentar mit *too* oder *nor*

The potatoes are cold! The meat's not very good.	The carrots, **too**! **Nor** the wine.
I love Switzerland. I don't think much of their new house. We weren't even invited to the party.	**Me** too. Nor **me**. Nor **us**.

Mit *too* oder *nor* kann der Satz durch Auslassen des Verbteils weiter verkürzt werden.

Hier wird vor allem für die 1. Person die Objektform des Personalpronomens verwendet.

Abweichender Kommentar mit *though* oder *but*

Bejahte Aussage	Verneinter Kommentar
I love Switzerland.	• I don't **though**. • **But** I don't.
	• Ich aber nicht.

Für den Kommentar gilt:

though wird nachgestellt,
but wird vorangestellt.

Verneinte Aussage	Bejahter Kommentar
We weren't even invited to their party.	• We were **though**. • **But** we were.
	• Aber wir.

13 Kurzaussagen mit Verben des Meinens und Wissens — Short statements using verbs of opinion

Einige Verben werden verwendet, um zu einer Aussage Stellung zu nehmen oder auf eine Frage zu antworten.

Verben des Meinens, Vermutens, Erwartens

Are they putting the wages up? Will Sheila be there?	• I hope **so**./I hope **not**. I believe **so**./I believe **not**. • I expect **so**./I expect **not**. • I suppose **so**./I suppose **not**. • I'm afraid **so**./I'm afraid **not**.
Are the Browns coming tomorrow?	I think **so**./I **don't** think **so**.
	• Ich hoffe (es)/(nicht). • Das ist (nicht) anzunehmen. • Vermutlich (nicht). • Leider (nicht).

Dazu gehören:

be afraid, believe, expect, guess, hope, imagine, suppose, think

Bei diesen Verben werden *so* oder *not* nachgestellt.

think wird dagegen meist mit *don't* verneint und *so* nachgestellt.

Verben des Wissens und Verstehens

Be careful! This road is dangerous.	I know.
When are they getting married?	I don't know.
	I forget.
• Take the next right and then straight on.	• I see.
• Nächste Straße rechts und dann geradeaus.	• Ah ja, verstehe.

Dazu gehören:

forget, know, remember, see, understand

Bei diesen Verben ist ein Nachstellen von *so* oder *not* nicht möglich.
forget und *see* kommen in Kurzaussagen nur in bejahter Form vor.

14 Kurzantworten Short answers

Fragen beantworten wir oft mit einer Kurzantwort.

Bei Entscheidungsfragen (▷ 17–24)

Can you come at ten tomorrow?	Yes, I **can**./No. I **can't**.
Can't you come before that?	Yes, I **can**./No, I **can't**.
May I leave the table?	Yes, you **may**./No, you **may not**.
Will Susan be coming next week?	Yes, she **will**./No, she **won't**.
Did you let the cat out?	Yes, I **did**./No, I **didn't**.
Are your neighbours Welsh?	Yes, they **are**./No, they **aren't**.

In der Kurzantwort wird normalerweise das erste Hilfsverb aus dem Fragesatz mit dem entsprechenden Personalpronomen wieder aufgenommen.

Bei Fragen mit *who* (▷ 22)

Who **can** help me with this parcel?	I **can**./I **can't**.
Who **saw** the film on TV last night?	I **did**./I **didn't**.
Who **wants** a piece of cake?	I **do**./I **don't**.
Who did that?	Me./Not me. Him.

In der Kurzantwort wird das erste Hilfsverb wieder aufgenommen.
Ist kein Hilfsverb vorhanden, wird mit *do* umschrieben.
In der Umgangssprache ist ein Personalpronomen in der Objektform (▷ 163) üblich. Das Verb entfällt.

15 Aussagesätze mit *there* als Subjekt — Statements with *there* as subject

Die Konstruktion *there* + *be* entspricht in etwa den deutschen Konstruktionen „es gibt“, „es ist/sind“, „es steht/stehen“. *there* darf dabei nicht mit *there* im Sinne von „dort“ verwechselt werden.

There's a bottle of milk on the table. **There is** a good theatre in Manchester. **There's** always something to be done about the house.	Steht das nachfolgende Nomen im Singular, ist die Form von *be* ebenfalls Singular.
There are five supermarkets in this street. **There are** twenty chairs in the classroom.	Steht das Nomen im Plural, ist die Form von *be* ebenfalls Plural.
There was a big fire in town last night. **There'll be** a meeting of all the employees tomorrow.	Die Konstruktion *there* + *be* kann in jeder Zeitform auftreten.

16 Kurzantworten mit *there*

Are there any eggs in the fridge? **Is there** a meeting today?	Yes, **there are**. No, **there isn't**.	In Kurzantworten auf Fragen mit *there* wird *there* wieder aufgenommen.

17 ↓ 24

Fragesätze — Questions

17 ↓ 21

Entscheidungsfragen — *Yes/No* questions

Entscheidungsfragen sind Fragen, die mit ja oder nein beantwortet werden können.
Sie werden immer durch ein Hilfsverb eingeleitet.

17

Entscheidungsfragen mit Hilfsverben (außer *do*) — *Yes/No* questions with auxiliaries (except *do*)

Hilfsverb	Subjektteil	Hilfsverb	Vollverb	Ergänzung
Can	you		swim?	
May	I		see	your papers?
● Have	they	been	waiting	long?
● Will	you	be	staying	at a hotel?
● Is	your car	being	repaired	today?

- ● Warten sie schon lange?
- ● Werden Sie im Hotel wohnen?
- ● Wird dein Auto heute repariert?

Grundregel:

Erstes Hilfsverb **vor** Subjektteil

18

Entscheidungsfragen mit dem Hilfsverb *do* — *Yes/No* questions with auxiliary *do*

do-Form	Subjektteil	Vollverb	Ergänzung
Do	**you**	suffer	from headaches?
Do	the children/**they**	want	orange juice?
Do	**we**	need	a garage?
Does	John/**he**	wear	glasses?
Does	Priscilla/**she**	smoke	a lot?
Does	the machine/**it**	work	properly?
Did	you	get	the job?
Did	Harry	speak	to you yesterday?
Did	you	go	to school today?

Grundregel:

Eine Frage in der Zeitform *Present Simple* wird mit *do/does* eingeleitet.

Bei *I, you, we, they* steht *do.*

Bei he, she, it steht *does.*

Nach *do/does* steht immer der Infinitiv des Vollverbs.

Grundregel:

Eine Frage in der Zeitform *Past Simple* wird mit *did* eingeleitet.

19 Entscheidungsfragen mit *be* — *Yes/No* questions with *be*

Is there a train to Coventry tomorrow morning? Are those people Americans or Canadians? Were you in Africa last year? Was he in the army?

Bei *be* werden Fragen nie mit *do* gebildet.

20 Entscheidungsfragen mit *have* — *Yes/No* questions with *have*

I've seen the results. He's got a motorbike. They had already heard the news.	**Have** you **seen** the results? **Has** he **got** a motorbike? **Had** they already **heard** the news?

Wenn *have* als Hilfsverb vorkommt, wird die Frage mit einer Form von *have* eingeleitet (▷ 96).

I have dinner at one o'clock.	**Do** you **have** dinner before one?
They had a good time in Blackpool.	**Did** they **have** a good time?

Wenn *have* als Vollverb vorkommt (kein weiteres Verb im Satz), wird die Frage mit einer Form von *do* eingeleitet (▷ 18).

21 Verneinte Entscheidungsfragen — Negative *Yes/No* questions

Hilfsverb	Subjektteil	Vollverb	Ergänzung
Can't	we	have	beef for lunch?
Won't	you	stay	a bit longer?
Wouldn't	you	like	an aperitif first?
Haven't	you	had	your supper yet?
Don't	the flowers	look	lovely?
Doesn't	the library	open	at nine?
Didn't	you	get	my postcard?

Fragen können auch in verneinter Form auftreten.
Das Hilfsverb wird verneint (▷ 6).

22 Fragesätze mit Fragewörtern — Questions with interrogatives

Das Fragewort ist Subjekt

Subjektteil	Verbteil	Ergänzung
Who	wrote	"Macbeth"?
● **Who**	wants	to cut the cake?
What	happened	last night?
● **Which** of you	took	my bike?
● **Whose** horse	won?	

- Wer will den Kuchen anschneiden?
- Wer von euch hat mein Fahrrad genommen?
- Wessen Pferd hat gewonnen?

who, what, which, whose

Hier wird nach dem Subjekt gefragt („wer" oder „was" hat etwas gemacht?).
Keine Umschreibung mit *do*

Das englische *who* als Subjekt entspricht dem deutschen „wer".

Das Fragewort ist nicht Subjekt

Fragewort	Hilfsverb	Subjektteil	Vollverb	Ergänzung
● **Who**	does	she	like	best?
● **Who**	did	you	meet	at the club?
What	can	they	do	now?
Which book	has	Grandpa	chosen?	
● **Who**	did	you	give	the tickets **to**?
● **Who**	is	Grandma	talking	**to**?
Whom	did	you	give	them **to**?
To whom	is	your grandmother	talking?	

- Wen mag sie am liebsten?
- Wen haben Sie im Club getroffen?
- Wem hast du die Karten gegeben?
- Mit wem spricht Oma?

who, what, which, whom

Hier wird nach dem Objekt gefragt. Das Fragewort ist nicht Subjekt. Die Fragen werden nach den normalen Regeln gebildet (▷ 17–20).

Präpositionen stehen am Ende des Satzes.

Im formellen Sprachgebrauch wird *whom* verwendet. Bei *whom* wird die Präposition oft vorangestellt.

Das englische *who* als Objekt entspricht dem deutschen „wen" oder „wem".

When	's	the next bus?		
Why	don't	you	be	quiet?
Where	are	you	going?	
How	could	Mrs Smith	say	such a thing?

Weitere Fragewörter:

when, why, where, how

(▷ 171)

23 Frageanhängsel Question tags

Frageanhängsel sind kurze Fragen, die an das Ende eines Aussagesatzes angehängt werden. Sie können im Deutschen zum Beispiel mit „nicht?“, „oder?“, „nicht wahr?“ wiedergegeben werden.

Bejahter Aussagesatz	Frageanhängsel verneint
• You **must** have your way,	**mustn't** you?
He **can** speak French,	**can't** he?
Joan **is** trying her best,	**isn't** she?
You **took** some pictures,	**didn't** you?
• They **sell** soap in this shop,	**don't** they?
You **think** you're clever,	**don't** you?
Claire **is** a pretty girl,	**isn't** she?
That **was** a great night,	**wasn't** it?

Im Frageanhängsel wird das erste Hilfsverb des Aussagesatzes wieder aufgenommen.
Ist der Aussagesatz bejaht, wird das Frageanhängsel verneint.

Enthält der Aussagesatz kein Hilfsverb, wird mit *do* umschrieben (▷ 7).

Bei *be* keine Fragebildung mit *do*

Verneinter Aussagesatz	Frageanhängsel bejaht
• You **can't** keep quiet for a minute,	**can** you?
• He **didn't** say that to Mr Barnes,	**did** he?
Most politicians **don't** tell the truth,	**do** they?
• That **wasn't** very good,	**was** it?

Ist der Aussagesatz verneint, wird das Frageanhängsel bejaht.

Frageanhängsel bringen unterschiedliche Inhalte zum Ausdruck, wie zum Beispiel

- Du mußt immer deinen Willen durchsetzen, nicht?
- Die haben doch Seife in diesem Laden, oder?
- Du kannst keinen Augenblick still sein, nicht wahr?
- Das hat er doch nicht Herrn Barnes erzählt?
- Das war nicht besonders gut, oder?

– Verärgerung
– Wunsch nach Bestätigung
– Vorwurf
– Überraschung
– Ironie

24 Verkürzte Fragen   Shortened questions

In der Umgangssprache werden Fragen manchmal verkürzt.

You got the passports?	(Have you got ...?)
You going my way?	(Are you going ...?)
Got the passports?	
Going my way?	
See the show last night?	(Did you see ...?)
Been busy lately?	(Have you been ...?)

Das Hilfsverb (*be, do, have*) wird ausgelassen.

Zusätzlich wird manchmal auch *you* als Subjekt weggelassen.

verkürzte Frage | Frageanhängsel | Frage mit *be* | Fragewort *who* + Präposition | Fragewort *how*

25 → 26 Aufforderungssätze   Imperatives

25 Bejahte Aufforderungssätze   Affirmative imperatives

Form

Close the door!
● **Get back** into the car!

Bejahte Aufforderungssätze werden mit der Befehlsform (= Infinitiv) des Verbs gebildet.

● Steig wieder ins Auto!
● Steigt wieder ins Auto!
● Steigen Sie wieder ins Auto!

Drei unterschiedliche Befehlsformen im Deutschen

Gebrauch

Pass the butter, **please**!
Be quiet, **please**!
● Just **drop** me a line.

Sie können den Charakter einer Bitte haben (besonders mit *please*).

● Schreib mir kurz.

Sit down and keep still!
Pick up that plate, Smith!
Come here at once!

Sie können auch den Charakter eines Befehls haben (manchmal mit drohendem oder warnendem Unterton).

Give me the paper, **will you**?
Pass me the bread, **will you**?
Be quiet, **will you**?

In der Umgangssprache wird zur Abschwächung des Befehlscharakters häufig das Frageanhängsel *will you*? verwendet.

Do come and see us.
Do be reasonable!

do + Infinitiv verleiht der Aufforderung besonderen Nachdruck.

Ihr müßt unbedingt mal vorbeikommen.
Sei doch vernünftig!

Aufforderung mit *let's*

Let's have a drink.
- **Let's** put our names down.
- **Let us** pray.

Schließt der Sprecher sich in die Aufforderung ein, wird die Form *let's* + Infinitiv verwendet.
let us → formell

- Melden wir uns doch an.
- Lasset uns beten.

26 Verneinte Aufforderungssätze   Negative imperatives

Form

Don't call the police!
Don't cry!
Do not walk on the grass.

Verneinte Aufforderungssätze werden mit *don't* + Infinitiv des Verbs gebildet.
do not → formell

Gebrauch

Don't be angry with me.
Please don't do that.
Don't shout at me.

Verneinte Aufforderungsätze haben manchmal den Charakter einer eindringlichen oder auch flehenden Bitte.

Don't talk with your mouth full!
Don't touch that wire!

Sie drücken auch Befehle, Verbote und Warnungen aus.

Don't forget, **will you**?
Don't be late, **will you**?

In der Umgangssprache wird zur Abschwächung des Befehlscharakters häufig das Frageanhängsel *will you*? verwendet.

Verneinte Aufforderung mit *let's not*

Let's not get excited.
Let us not forget the poor.

Mit *let's not* schließt sich der Sprecher ein.
let us not → formell

27 Ausrufesätze Exclamations

What a wonderful day!
How lucky you are!
● Rubbish!
Happy birthday!
Nonsense!
Phantastic!

● Quatsch!

Ausrufesätze sind spontane Äußerungen zum Beispiel von Freude, Überraschung, Verärgerung.

What a dark place this is!
● What a funny nose he's got!
What a player!

Ausrufesätze mit *what*

How interesting!
● How time flies!
● How lucky can you get!

Ausrufesätze mit *how*

● Was hat er für eine komische Nase!
● Wie die Zeit vergeht!
● Wie kann man nur so viel Glück haben!

Kapitel 2 Das Verb: Ergänzungen The verb: complementation

28 Ergänzungen: Eine tabellarische Übersicht Complementation in table form

Einfache Sätze bestehen häufig nur aus Subjektteil und Verbteil. Viele einfache Sätze müssen aber durch Ergänzungen vervollständigt werden, damit sie einen Sinn erhalten.
Es gibt verschiedene Arten von Ergänzungen. Einige davon sind in der folgenden Tabelle aufgeführt.

Subjektteil	Verbteil	Ergänzung	Ergänzung
The car	won't start.	(keine Ergänzung notwendig) ▷ 29	
I	've got	an Austin. (direktes Objekt) ▷ 30	
I	bought	it (direktes Objekt) ▷ 30	from an old lady. (Präpositionalobjekt) ▷ 33–34
I	lent	it (direktes Objekt) ▷ 32	to my son. (indirektes Objekt) ▷ 32
He	gave	Jim (indirektes Objekt) ▷ 32	the car-keys. (direktes Objekt) ▷ 32
The car	is	worthless (Subjektkomplement) ▷ 36	now. (adverbiale Bestimmung) ▷ 31
This	has made	me (direktes Objekt)	very unhappy. (Objektkomplement) ▷ 37
I	will have to buy	myself (Reflexivobjekt) ▷ 35	a new one. (direktes Objekt) ▷ 30

Wir unterscheiden zwischen drei Arten von Ergänzung:

1. **Objekt**
   Direktes Objekt
   Indirektes Objekt
   Präpositionalobjekt
   Reflexivobjekt
2. **Komplement**
   Subjektkomplement
   Objektkomplement
3. **Adverbiale Bestimmung**

29 Verben mit und ohne Ergänzungen — Verbs with and without complementation

The kettle's boiling. The bus is coming. The car won't start. My bike's been stolen.	Viele englische Verben können ohne eine Ergänzung verwendet werden.

Alle Verben lassen Ergänzungen zu. Ob eine Ergänzung notwendig ist und welche Ergänzungen überhaupt möglich sind, hängt vom Verb beziehungsweise davon ab, was ausgedrückt werden soll.

He was singing	a song.	direktes Objekt
	me a song.	indirektes Objekt
	for his supper.	Präpositionalobjekt
	himself to sleep.	Reflexivobjekt
	quietly.	adverbiale Bestimmung
		sing läßt den Gebrauch des Komplements nicht zu.

30 Verben mit direktem Objekt — Verbs with a direct object

– What're you doing? – I'm writing **a letter**.	Die meisten Verben lassen den Gebrauch eines direkten Objekts zu.
– What're you doing? – I'm writing.	Das direkte Objekt ist aber nicht immer zwingend erforderlich.
How do you **pronounce** your name? I must **post** this letter. Lord Goulton **owns** twenty-five race-horses.	Einige Verben werden immer mit einem direkten Objekt ergänzt.

31 Verben ohne direktes Objekt — Verbs without a direct object

The girl **was laughing**. When I got there, Harry **had gone**. Your friends **have arrived**.	Manche Verben lassen den Gebrauch des direkten Objekts nicht zu.
Sit **down**. He went **away**.	Das gilt besonders für einige Partikelverben (▷ 33–34).

The girl was laughing **at the stranger's joke**.
Your friends have arrived **at the airport**.
He went away **sadly**.

Andere Ergänzungen sind durchaus möglich, z. B.:
- ein Präpositionalobjekt
- eine adverbiale Bestimmung

32 Verben mit zwei Objekten — Verbs with two objects

Eine Reihe von Verben kann mit zwei Objekten verwendet werden.
Zu dem direkten Objekt kommt ein indirektes Objekt hinzu.

Subjektteil	Verbteil	Indirektes Objekt	Direktes Objekt
Mrs O'Reilly	sent	me	a Christmas card.
Father McKenzie	gave	Eleanor	some socks.
I	bought	Jane	a new fur coat.

Verben mit zwei Objekten:

buy, bring, give, lend, offer, owe, pass, pay, promise, read, sell, send, show, throw, tell, write

Subjektteil	Verbteil	Direktes Objekt	Indirektes Objekt
Mrs O'Reilly	sent	a Christmas card	to Mrs Tucker.
● Father McKenzie	gave	his money	to the Church.
● I	bought	a new fur coat	for Jane.

- ● Father McKenzie schenkte sein Geld der Kirche.
- ● Ich habe Jane einen neuen Pelzmantel gekauft.

Steht das indirekte Objekt nach dem direkten Objekt, wird es mit *to* (bei einigen Verben mit *for*) angeschlossen.

Subjektteil	Verbteil	Direktes Objekt	Indirektes Objekt
The policeman	described	the thief	to us.
I	explained	my plan	to the workers.

Verben, bei denen das indirekte Objekt immer nachgestellt wird:

admit, describe, explain, mention, say, suggest

33 → 34

Präpositionalverben und Partikelverben — Prepositional and phrasal verbs

Viele Verben können durch das Anfügen einer Präposition (*after, for, over, to* und so weiter) oder eines Adverbialpartikels (*in, off, out, over* und so weiter) ergänzt werden.

Es gibt einige Unterschiede zwischen Präpositionalverben und Partikelverben:

Präpositionalverb + Objekt

- He **jumped over** **the wall**.
  He **jumped over** **it**.

Beim Präpositionalverb steht die Präposition immer direkt hinter dem Verb.

- Er sprang über die Mauer.

Partikelverb + Objekt

- He **took over** **his father's business** last year.
  He **took** **it** **over** last year.

Beim Partikelverb kann das Partikel vor oder nach dem Objekt stehen.

- Letztes Jahr übernahm er das Geschäft seines Vaters.

Präpositionalverb mit Objekt

Harry'**s gone off** **smoking**.

Ein Präpositionalverb muß immer ein Objekt haben.

Harry schmecken die Zigaretten nicht mehr.

Partikelverb ohne Objekt

The milk'**s gone off**.

Einige Partikelverben haben kein Objekt.

Die Milch ist sauer geworden.

Das Beispiel *go off* („sauer werden“) zeigt, daß es besonders bei Partikelverben oft erhebliche Bedeutungsunterschiede gegenüber der Grundbedeutung des Ausgangsverbs gibt.

33 Präpositionalverben Prepositional verbs

Präpositionalverben setzen sich aus einem Verb und einer Präposition zusammen.

listen – hören	*look* – schauen	*run* – laufen
listen to – zuhören	*look for* – suchen *look after* – aufpassen auf, sorgen für	*run for* – sich bewerben um

Mother **was listening to the concert** on the radio.
I **looked for my passport** everywhere, but I couldn't find it.
Can you **look after my goldfish** while I'm on holiday?
● Palmer **is running for President** again next year.

Nach dem Präpositionalverb steht im Aktivsatz immer ein Objekt. Das Objekt kann nicht zwischen Verb und Präposition stehen.

● Palmer bewirbt sich nächstes Jahr wieder um die Präsidentschaft.

34 Partikelverben Phrasal verbs

Partikelverben setzen sich aus einem Verb und einem Adverbialpartikel zusammen.

take – nehmen	*make* – machen
take off – abheben, ausziehen	*make up* – erfinden, schminken

Beachte die grundlegenden Bedeutungsunterschiede.

● The plane took off.
Maggie came in and sat down.
● Look out!
● Shut up!

Einige Partikelverben können ohne Objekt verwendet werden.

● The man **took off** **his coat**.
I feel so hot wearing this tie. – Well, **take** **it** **off** then.
Sam **took off** **everything he was wearing** and dived into the pool.
● Johnny**'s** always **making up** **stories**.
Is it true what Johnny told me? – No, he **made** **that story** **up**.
Johnny **made up** **a story about ghosts and monsters**.

Viele Partikelverben haben ein Objekt. Ein Pronomen als Objekt steht immer vor dem Partikel.

Längere Objekte stehen nach dem Partikel.

● Das Flugzeug hob ab.
● Paß auf!
● Halt den Mund!
● Der Mann zog seinen Mantel aus.
● Johnny erfindet dauernd Geschichten.

35 **Verben mit reflexivem Objekt** **Verbs with reflexive object**

Manche Verben können ein reflexives Objekt haben. Das reflexive Objekt bezieht sich auf das Subjekt. Das Objekt heißt dann Reflexivpronomen (▷ 169).

Vergleiche:

She washed the baby. She washed him. She washed herself.

He hurt **himself** playing football.

I've bought **myself** a new pair of football boots.

Some people think only **of themselves.**

Das Reflexivpronomen kann sein:
- direktes Objekt
- indirektes Objekt
- Präpositionalobjekt

- Did you **enjoy yourselves**?
- Yes thanks, Len, we **enjoyed ourselves** very much.

Help yourself to as many sandwiches as you want – there's plenty.

- Hat es euch gefallen?
- Ja, vielen Dank, Len, es hat uns sehr gut gefallen.

Nimm dir so viele Sandwiches, wie du willst – es gibt genug.

Einige Verben treten häufig mit einem reflexiven Objekt auf.

Joanne! You know I've told you to **wash yourself** before breakfast. And don't forget to **dress yourself** properly!

● Joanne **washed, dressed** and went downstairs.

● Joanne wusch sich, zog sich an und ging hinunter.

Einige Verben können mit oder ohne reflexives Objekt vorkommen.

Viele Verben, die im Deutschen reflexiv sind, werden im Englischen nicht reflexiv verwendet.

- You **remember** Mrs Rutherford, don't you? She **hasn't changed** a bit, has she?
- **Sit down**, Mrs Rutherford, and tell us how you are.
- Well, I can't **complain** ...

- Erinnerst du dich an Frau Rutherford? Sie hat sich kein bißchen verändert, nicht wahr?
- Setzen Sie sich, Frau Rutherford, und erzählen Sie uns, wie es Ihnen geht.
- Nun, ich kann mich nicht beklagen ...

Dazu gehören:

change	sich verändern
complain	sich beklagen
imagine	sich vorstellen
lie down	sich hinlegen
move	sich bewegen
remember	sich erinnern an
sit down	sich setzen
turn to	sich wenden an
wonder	sich fragen

36 Verben mit Subjektkomplement — Verbs with subject complement

Bei einigen Verben ist eine Ergänzung notwendig, damit der Satz einen Sinn erhält.
Diese Ergänzung heißt Subjektkomplement, wenn sie eine Eigenschaft des Subjekts beschreibt.
Das Subjektkomplement kann ein Nomen oder ein Adjektiv sein.

Subjektteil	Verbteil	Subjektkomplement
My father Your new skirt	was looks	a tailor. great.

Das Subjektkomplement steht nach

He**'s very tall**, that's why he**'s a basketball player**.
He **seems very proud** to me.

– Verben, die einen Zustand oder Anschein beschreiben:

be, appear, seem

- When he heard the news, he **became very angry** and **went red** in the face.
- The weather **was getting worse**, the sky **grew dark** and it started to rain.

– Verben, die einen Vorgang beschreiben:

become, get, go, grow, turn

- Tomorrow it **will remain cloudy** with sunny intervals.

– Verben, die das Fortbestehen eines Zustandes beschreiben:

keep, stay, remain

The chicken curry **smells wonderful**! Mmh, and it **tastes delicious**!
I **was feeling ill** so I couldn't eat anything.
The new record player **sounds really good**.

– Verben, die eine Sinneswahrnehmung beschreiben:

feel, look, smell, sound, taste

- Als er die Nachricht hörte, wurde er sehr zornig und lief rot an.
- Das Wetter wurde schlechter, der Himmel wurde dunkel, und es begann zu regnen.
- Morgen bleibt es wolkig mit Aufheiterungen.

37 Verben mit Objektkomplement — Verbs with object complement

Nach einigen Verben mit direktem Objekt steht eine Ergänzung, die eine Eigenschaft des Objekts beschreibt. Diese Ergänzung heißt Objektkomplement.
Das Objektkomplement kann ein Nomen oder ein Adjektiv sein.

Subjektteil	Verbteil	Objekt	Objektkomplement
• The members	elected	Harold Smith	chairman.
• They	considered	him	the best man for the job.
• That	made	his friends	very happy.

- Die Mitglieder wählten Harold Smith zum Vorsitzenden.
- Sie betrachteten ihn als den besten Mann für diesen Posten.
- Das machte seine Freunde sehr glücklich.

Can't the neighbours **keep that baby quiet** for one minute? All that screaming **makes me nervous**, especially when I'm trying to **get this speech ready** for tomorrow.

Das Objektkomplement steht nach

- Tätigkeitsverben, bei denen das Komplement ein Ergebnis darstellt:

  choose, elect, get, keep, make

I **found that book boring**, although many critics **consider it a masterpiece**.

- Verben, die eine Meinung ausdrücken:

  believe, consider, find, suppose, think

Kapitel 3 Der Verbteil – die Zeitformen und ihr Gebrauch

The predicate – the tenses and their use

38 Die englischen Zeitformen – eine tabellarische Übersicht

The English tenses in table form

		Aktiv	Passiv
Present Simple	I you, we, they he, she, it	ask ask asks	am asked are asked is asked
Present Continuous	I you, we, they he, she, it	am asking are asking is asking	am being asked are being asked is being asked
Past Simple	I, he, she, it, you, we, they	asked	was asked were asked
Past Continuous	I, he, she, it you, we, they	was asking were asking	was being asked were being asked
Present Perfect Simple	I, you, we, they he, she, it	have asked has asked	have been asked has been asked
Present Perfect Continuous	I, you, we, they he, she, it	have been asking has been asking	
Past Perfect Simple	I, you, we, they, he, she, it	had asked	had been asked
Past Perfect Continuous	I, you, we, they, he, she, it	had been asking	
will-Future *(Future Simple)*	I, you, we, they, he, she, it	will ask	will be asked
Future Continuous	I, you, we, they, he, she, it	will be asking	
Future Perfect Simple	I, you, we, they, he, she, it	will have asked	will have been asked
Future Perfect Continuous	I, you, we, they, he, she, it	will have been asking	

39 **Verbformen mit *would*** (▷ 83–86)

		Aktiv	Passiv
Conditional Simple	I, you, we, they, he, she, it	would ask	would be asked
Conditional Continuous	I, you, we, they, he, she, it	would be asking	
Conditional Perfect Simple	I, you, we, they, he, she, it	would have asked	would have been asked
Conditional Perfect Continuous	I, you, we, they, he, she, it	would have been asking	

40 **Zeit und Zeitform im Englischen und Deutschen** **Time and tense in English and German**

Zeit und **Zeitform** sind nicht gleichzusetzen.

Die **Zeit** ist für uns eine meßbare Größe, die wir in Jahre, Tage, Stunden einteilen. Wir unterscheiden zwischen Vergangenheit, Gegenwart und Zukunft.

Die **Zeitform** ist ein grammatischer Begriff, der angibt, auf welche Zeit sich eine Verbform bezieht. Auch hier unterscheiden wir generell zwischen Zeitformen, die sich auf Vergangenheit, Gegenwart oder Zukunft beziehen. Die Zeitformen können aber auch Beziehungen zwischen den Zeiten zum Ausdruck bringen.
Es gibt nur drei Zeiten, aber mehrere Zeitformen.

Wenn wir etwas über einen Vorgang in der Vergangenheit sagen wollen, wählen wir eine Zeitform der Vergangenheit, z.B. *went*. Die Zeitform des Verbs sagt uns, daß es sich um die Vergangenheit handelt, ohne daß eine Zeitbestimmung wie *yesterday* erwähnt werden muß.

Die Zeitform *will go* stellt unmittelbar einen Bezug zu einem zukünftigen Vorgang her.

Es kann also eine gewisse Übereinstimmung zwischen Zeit und Zeitform geben. Dies muß aber nicht immer der Fall sein. Die Zeitform *Present Continuous* kann sich je nach Sprechabsicht und Zusammenhang auf die Gegenwart oder die Zukunft beziehen (▷ 53, 75).

Englisch und Deutsch sind verwandte Sprachen. Die Zeitformen sind deswegen von der Form her ähnlich.

I live	ich lebe
I lived	ich lebte
I have lived	ich habe gelebt
I had lived	ich hatte gelebt
I will live	ich werde leben
I will have lived	ich werde gelebt haben
I would live	ich würde leben
I would have lived	ich würde gelebt haben (ich hätte gelebt)

Manchmal werden die entsprechenden Zeitformen im Englischen und Deutschen in gleicher Weise verwendet:

I live in Liverpool.	=	Ich lebe in Liverpool.
I lived in Liverpool.	=	Ich lebte in Liverpool.

Oft darf die deutsche Zeitform aber nicht in die entsprechende englische Zeitform übertragen werden:

Ich **lebe** seit zwei Jahren in Liverpool.	=	*I **have lived** in Liverpool for two years.*
Ich **habe** zwei Jahre lang in Liverpool **gelebt**.	=	*I **lived** in Liverpool for two years.*

Im Englischen gibt es für jede Zeitform eine *Simple Form* und eine *Continuous Form* (▷ 45–49), die verschiedene Aspekte eines Vorgangs zum Ausdruck bringen.

Simple Form	*Continuous Form*
I live I lived I have lived	I am living I was living I have been living

I **live** in Liverpool.
I**'m living** in Liverpool.

Die *Simple Form* deutet an, daß der Vorgang dauerhaft ist.
Die *Continuous Form* deutet an, daß der Vorgang vorübergehend ist.

Ich lebe in Liverpool.
Ich lebe zur Zeit in Liverpool.

Im Deutschen gibt es keine Form, die der englischen *Continuous Form* entspricht. Der unterschiedliche Aspekt wird durch Ergänzungen verdeutlicht.

In unserer Muttersprache wählen wir aus Erfahrung automatisch die Zeitform aus, die zur unserer Sprechabsicht paßt. In der Fremdsprache wird aber für die gleiche Sprechabsicht manchmal eine andere Zeitform verwendet. Beim Erlernen dieser Fremdsprache gilt es, sich den richtigen Gebrauch der Zeitformen anzueignen.

41 Zeitform und Bedeutung   Tense and meaning

Die Zeitform, die vom Sprecher benutzt wird, gibt die Zeit an, in der aus seiner Sicht etwas geschieht.

Freddy, don't forget to do your homework!

I'**m doing** it, Mum.

Die Handlung findet im Moment statt.
Zeitform: *Present Continuous*

Freddy macht gerade seine Hausaufgaben.

Die Handlung ist **gegenwartsbezogen**.

I'**ve finished** it, Mum.

Die Handlung wurde schon ausgeführt.
Zeitform: *Present Perfect Simple*

Freddy ist gerade fertig mit den Hausaufgaben.

Die Handlung ist **vergangenheitsbezogen**.

I **did** it yesterday, Mum.

Die Handlung wurde schon ausgeführt.
Zeitform: *Past Simple*

Freddy hat die Hausaufgaben gestern gemacht.

Die Handlung ist **vergangenheitsbezogen**.

I'**ll do** it when I come in, Mum.

Die Handlung wird später ausgeführt.
Zeitform: *will-Future*

Freddy wird die Hausaufgaben später machen. Er verspricht es zumindest.

Die Handlung ist **zukunftsbezogen**.

42 Zeitform und Zeitbezug — Tense and time reference

Mit ein und derselben Zeitform können wir verschiedene Zeitbezüge herstellen. Der jeweilige Zeitbezug kann sich aus dem Textzusammenhang allein ergeben, oder er wird durch eine Zeitbestimmung verdeutlicht.

– Hi Paul, where are you off to? – I'**m going** down to the pub.	Paul ist auf dem Weg in die Kneipe.	Der Gesprächszusammenhang macht deutlich, daß die Handlung jetzt stattfindet.
– I'**m going** to the football match **tomorrow**. – Oh no, Paul, my parents are coming tomorrow!	Paul geht morgen zum Fußball.	Die Zeitbestimmung zeigt, daß die Handlung in der Zukunft liegt.

43 Zeitform und Aspekt — Tense and aspect

Mit der Zeitform zeigt ein Sprecher auch den Aspekt einer Handlung an, zum Beispiel ob sie im Moment stattfindet oder sich regelmäßig wiederholt, ob sie noch andauert oder abgeschlossen ist, ob Handlungen gleichzeitig stattfinden (▷ 46).

		Die Sprecher verdeutlichen hier:
– When **do** you **do** your homework? – I usually **do** it in the afternoons.	*Present Simple*	– daß die Handlung regelmäßig (nicht unbedingt jetzt) stattfindet.
– What **are** you **doing**? – I'**m doing** my homework.	*Present Continuous*	– daß die Handlung gerade stattfindet.
Can I go out, Mum? I'**ve done** my homework.	*Present Perfect Simple*	– daß die Handlung vollendet ist.
Come on, Freddy, hurry up. You'**ve been doing** your homework for three hours now.	*Present Perfect Continuous*	– daß die Handlung in der Vergangenheit angefangen hat und noch andauert.
He **did** his homework when he **got** home.	*Past Simple/ Past Simple*	– daß eine Handlung auf die andere folgt.
He **was doing** his homework when I **got** home.	*Past Continuous/ Past Simple*	– daß eine Handlung bereits im Gang war, als eine andere einsetzte.

44 Regelmäßige und unregelmäßige Verben — Regular and irregular verbs

Es gibt im Englischen regelmäßige und unregelmäßige Verben. Der Großteil aller englischen Verben ist regelmäßig, viele wichtige und sehr gebräuchliche Verben sind allerdings unregelmäßig (▷ *Anhang 3,* 21).
Unregelmäßig bedeutet, daß das *Past Simple* und das Partizip Perfekt anders gebildet werden als bei regelmäßigen Verben.

	Infinitiv	*Past Simple*	Partizip Perfekt	
Regelmäßige Verben	work help	worked helped	worked helped	*Past Simple* und Partizip Perfekt werden mit *-ed* gebildet.
Unregelmäßige Verben	write think put	wrote thought put	written thought put	*Past Simple* und Partizip Perfekt haben abweichende Formen.

45 ↓ 49 Continuous Form und Simple Form — Continuous and Simple Form

45 Form

Infinitiv		Form von *be*	*-ing*-Form des Vollverbs	
spend	We	are	spending	our holidays in London.
stay	We	will be	staying	with Gordon and Ruth.
make	We	have been	making	plans for months.
travel	We	will be	travelling	by car.

Die *Continuous Form* setzt sich zusammen aus einer Form von *be* + *-ing*-Form des Vollverbs.

Stummes *-e* entfällt.

Manchmal wird der letzte Buchstabe verdoppelt (▷ *Anhang 3,* 23).

46 Gebrauch

Durch den Gebrauch der *Continuous Form* werden im Unterschied zur *Simple Form* der Verlauf und die Dauer einer Handlung besonders hervorgehoben.

Die *Simple Form* wird verwendet:

- für Handlungen, die **regelmäßig** oder **wiederholt** stattfinden.

> Usually planes **approach** Heathrow from the west.
> Normalerweise fliegen Flugzeuge Heathrow von Westen an.

- um einen **Dauerzustand** zu beschreiben.

> The Tower of London **stands** on the Thames.
> Der Tower steht an der Themse.

- um eine **Reihe von Handlungen** zu beschreiben, die aufeinander folgen.

> Sylvia **tried** to get a better view, then she **gave up** and **went back** home.
> Sylvia versuchte, eine bessere Sicht zu bekommen, dann gab sie auf und ging nach Hause.

- um auszudrücken, daß eine Handlung **beendet** ist.

> We'**ve waited** long enough now. Let's go!
> Wir haben jetzt lange genug gewartet. Laß uns gehen!

- um auszudrücken, daß eine **Handlung** auf eine andere **folgt**.

> When we got back to the house, Daddy **made** us a cup of tea.
> Als wir zum Haus zurückkamen, hat Vati uns eine Tasse Tee gemacht.

Die *Continuous Form* wird verwendet:

- für Handlungen, die **gerade** zu einem **bestimmten Zeitpunkt** stattfinden.

> We **are** now **approaching** Heathrow Airport.
> Wir nähern uns jetzt Heathrow Airport.

- für Handlungen, die nur eine **begrenzte Zeit** andauern.

> We **were standing** in front of Buckingham Palace.
> Wir standen vor dem Buckingham Palast.

- um **Dauer** und **Verlauf** einer Handlung hervorzuheben.

> Sylvia **was trying** to catch a glimpse of the Queen.
> Sylvia versuchte, einen Blick auf die Königin zu erhaschen.

- um auszudrücken, daß eine Handlung **noch andauert**.

> We'**ve been waiting** since 12 o'clock to see her.
> Wir warten schon seit 12 Uhr darauf, sie zu sehen.

- um eine **bereits ablaufende Handlung** zu beschreiben, zu der eine andere hinzukommt.

> When we got back to the house, Daddy **was making** our lunch.
> Als wir zum Haus zurückkamen, war Vati bereits dabei, das Mittagessen zu machen.

47 ↓ 49

Handlungsverben und Zustandsverben — Verbs of action and verbs of state

Jedes Verb kann in der *Simple Form* vorkommen. Die *Continuous Form* ist dagegen bei manchen Verben nicht möglich.
Es gibt Verben, die eine Tätigkeit oder einen Vorgang beschreiben (Handlungsverben), und Verben, die einen Zustand beschreiben (Zustandsverben). Die *Continuous Form* hebt die Dauer oder den Ablauf einer Handlung hervor und kann daher nur mit Tätigkeits- und Vorgangsverben, also mit Handlungsverben, gebildet werden.

47

Tätigkeits- und Vorgangsverben — Verbs of activity and verbs of process

Harry **was repairing** the drainpipes on his house.
It **had been raining** for two days and he **was trying** to patch up the holes in the pipes.
After he had finished it **was** still **raining** and the water **was** still **pouring** onto the walls.

It **was growing** dark and the weather **was getting** worse and worse.
The drainpipes **were becoming** more and more of a problem.

Jedes Verb, das eine Tätigkeit ausdrückt, kann in der *Continuous Form* verwendet werden.

Auch Verben, die einen Vorgang beschreiben, der sich gerade abspielt, kommen in der *Continuous Form* vor.

Harry war gerade dabei, die Regenrohre an seinem Haus zu reparieren. Es hatte seit zwei Tagen geregnet, und er versuchte, die Löcher in den Rohren zu flicken. Als er fertig war, regnete es immer noch, und das Wasser schoß immer noch auf die Wände.

Es wurde dunkel, und das Wetter wurde immer schlechter.
Die Regenrohre wurden immer mehr zum Problem.

Die Verben *become, get, grow* entsprechen hier dem deutschen „werden“.

48 **Zustandsverben** **Verbs of state**

Es gibt einige Verben, die keine Handlung sondern einen Zustand beschreiben.
Solche Zustandsverben kommen nicht in der *Continuous Form* vor.

Beispiele	Dazu gehören
That's strange! My watch **seems** to be broken.	– Verben, die allgemein eine Eigenschaft oder eine Beschaffenheit beschreiben: *be, remain, seem*
I'**ve** only **had** it two weeks.	– Verben, die Besitz ausdrücken: *belong to, have, own, possess*
I **know** it was cheap but I **thought** it would last a bit longer.	– Verben, die einen geistigen Zustand beschreiben: *doubt, forget, imagine, know, remember, think*
I **hate** things that go wrong after about ten minutes. I **wish** I'd bought a better one.	– Verben, die ein Gefühl oder einen Wunsch ausdrücken: *dislike, hate, like, love, prefer, want, wish*
Yes, I **see** what you mean.	– Verben, die Meinung oder Verstehen ausdrücken: *believe, feel* („glauben"), *see* („verstehen"), *understand*
I **notice** you're wearing a watch. I can **hear** the clock striking 12. Can you **smell** what I **smell**? I thought this was chocolate ice-cream? Well, I can't **taste** any chocolate in it.	– Verben der Sinneswahrnehmung: *hear, notice, see, smell, taste*
That guitar **looks** really expensive. And it **sounds** good, too. Your cake **smells** lovely, Mum. And it **tastes** even better!	– Verben, die eine Eigenschaft beschreiben, die mit den Sinnen wahrgenommen wird (▷ 36, 185): *feel* („sich anfühlen"), *look* („aussehen"), *smell, sound, taste*

49 Verben, die eine Handlung oder einen Zustand beschreiben — Verbs describing an action or a state

Ein Verb hat oft mehrere Bedeutungen. Ein Verb, das einen Zustand beschreibt, kann in einem anderen Zusammenhang auch eine Handlung zum Ausdruck bringen. Als Handlungsverb kann es dann in der *Continuous Form* auftreten.

Zustand	Handlung
Your son **is** tall, isn't he?	Your son'**s being** cheeky again!
The Forsyths **have** two houses now.	They'**re having** a house-warming party next week.
I **think** he's mad!	Be quiet! I'**m thinking**.
Doesn't he **look** funny in that stupid hat!	Watch it, Beryl. He'**s looking** our way.
I **see** what you mean.	I'**m seeing** the manager tomorrow about the job.

Ihr Sohn ist großgewachsen, nicht?	Dein Sohn ist schon wieder frech!
Die Forsyths haben jetzt zwei Häuser.	Sie machen nächste Woche eine Einzugsfeier.
Ich glaube, er ist verrückt!	Sei still! Ich denke gerade nach.
Sieht er nicht komisch aus mit diesem doofen Hut?	Paß auf, Beryl! Er schaut in unsere Richtung.
Ich verstehe, was Sie meinen.	Ich treffe morgen den Chef wegen der Stelle.

Zustand		Handlung
Eigenschaft	*be*	sich verhalten
Besitz	*have*	veranstalten
Meinung	*think*	überlegen
Aussehen	*look*	schauen
Verstehen	*see*	treffen

Zustand	Handlung
You can **see** the theatre from our window.	We **were watching** a Hitchcock film on telly last night.
I can't **hear** you.	Be quiet! I'**m listening** to the news.

Wir haben uns gestern abend im Fernsehen den Hitchcock-Film angesehen.
Sei ruhig! Ich höre gerade Nachrichten.

Wahrnehmung	bewußte Wahrnehmung
see = sehen	*watch* = anschauen
hear = hören	*listen to* = zu-/anhören

Die *Continuous Form* ist nur bei den Handlungsverben *watch* und *listen to* möglich.

50 ↓ 53 **Present Tense**

Das *Present Tense* wird verwendet:
- um eine gegenwärtige Handlung oder einen gegenwärtigen Zustand zu beschreiben.
- um allgemeingültige Aussagen zu machen, die auch Vergangenheit und Zukunft umfassen können.

50 ↓ 51 **Present Simple**

50 **Form**

Infinitiv		*Present Simple*
write write	I, you, we, they	write write
write write	he, she, it John/The author	writes writes

Bei *I, you, we, they* ist das *Present Simple* mit dem Infinitiv identisch.

Bei *he, she, it* oder bei Wörtern, die durch *he, she, it* ersetzt werden können, wird dem Verb ein *-s* hinzugefügt.

Besonderheiten der Schreibung bei der *-s*-Endung

goes, does	*go, do* haben die Endung *-es*.
kisses, relaxes, wishes, buzzes	Nach den Lauten [s, ʃ, z] steht *-es*.
tries, flies	*y* nach Konsonant wird zu *-ie*.
plays, stays, enjoys	*y* nach Vokal bleibt erhalten.

Aussprache der *-s*-Endung

rains, stays, brings	Die *-s*-Endung wird grundsätzlich stimmhaft [z] ausgesprochen.
asks, puts, helps, laughs	Nach den Lauten [k, t, p, f] wird *-s* stimmlos [s] ausgesprochen.
passes, uses, watches, charges	Die *-es*-Endung nach den Lauten [s, z, ʃ, ʒ, tʃ, dʒ] wird [ɪz] ausgesprochen.
does [dəz] says [sez]	Unregelmäßige Aussprache bei *do* und *say*.

51 Gebrauch

Das *Present Simple* wird verwendet:

The River Thames **runs** from Oxford to the North Sea. The sun **rises** in the east. ● Light **travels** faster than sound.	– für Vorgänge, die allgemein gültig sind; besonders bei Naturgesetzen.
Foyles, the largest bookshop in the world, **stands** half way up Charing Cross Road. In Britain most shops **close** at 6 p.m. Barbara **works** at Selfridges. Her husband **teaches** languages.	– um einen Dauerzustand, – feste Regelungen, – Berufsangaben zu beschreiben.
● We **go** shopping on Friday afternoons. I always **park** next to the Crown and Anchor and when we **come back** from the shops we sometimes **pop in** for a quick pint.	– für regelmäßige oder wiederholte Handlungen; besonders mit Häufigkeitsadverbien wie *always, never, sometimes, often.*
● First you **press** this button, then you **pull** this lever. The door **opens** and you **step** in.	– um eine Reihe von Handlungen aufzulisten; besonders bei Anweisungen.
It **looks** good, it **tastes** good, it **is** good.	– bei Zustandsverben (▷ 48).

- Licht ist schneller als Schall.
- Wir gehen Freitag nachmittags einkaufen. Ich parke immer neben dem Crown and Anchor, und wenn wir vom Einkaufen zurückkommen, schauen wir manchmal auf ein Bier rein.
- Zuerst drückt man diesen Knopf, dann zieht man diesen Hebel. Die Tür öffnet sich, und man kann einsteigen.

52 ↓ 53 Present Continuous

Das *Present Continuous* wird verwendet, um Handlungen zu beschreiben, die im gegenwärtigen Zeitraum stattfinden. Dieser Zeitraum und auch die Handlung werden vom Sprecher als begrenzt empfunden.
Im Gegensatz zum *Present Simple* wird mit dem *Present Continuous* die vorübergehende, begrenzte Natur der Handlung hervorgehoben.
Das *Present Continuous* kann auch zum Ausdruck zukünftiger Handlungen verwendet werden (▷ 75).

52 Form

Infinitiv		Form von *be*	*-ing*-Form
read eat come	I he, she, it we, you, they	am is are	reading eating coming

Das *Present Continuous* setzt sich zusammen aus dem *Present Tense* von *be* + *-ing*-Form des Vollverbs.

53 Gebrauch

Das *Present Continuous* wird verwendet:

– What **are** those men **doing** over there?
● – They'**re clearing** the site for a new project. The council want to put up a new office block.

– für Handlungen, die im Moment des Sprechens stattfinden.
Die Arbeiter sind gerade dabei.

– Paul'**s doing** the shopping this week.
– Why's that?
– Because his wife **is helping out** at the chemist's.
● – Well, he'll have to get a move on. It's nearly six.

– für Handlungen, die zur Zeit stattfinden, die aber im Moment des Sprechens unterbrochen sind. Die vorübergehende Natur dieser Handlungen wird hervorgehoben.
Paul hat für diese Woche ausnahmsweise die Einkäufe übernommen.

● Those damn politicians **are always wasting** the taxpayers' money on things we don't need.

– In Verbindung mit *always* zur gefühlsbetonten Darstellung von Handlungen. Der Sprecher drückt zum Beispiel seine Verärgerung über etwas aus und übertreibt dabei.

always entspricht in dieser übertreibenden Darstellung dem deutschen „dauernd".

● Sie räumen das Grundstück für ein neues Projekt. Die Stadt will ein neues Bürohochhaus errichten.
● Dann muß er aber allmählich losgehen ...
● Diese verdammten Politiker verschwenden dauernd das Geld der Steuerzahler für Sachen, die wir eigentlich nicht brauchen.

54 → 58

Past Tense

Das *Past Tense* wird verwendet, wenn der Sprecher über einen Vorgang in der Vergangenheit berichten will. Er hat dabei einen bestimmten Zeitpunkt oder einen abgeschlossenen Zeitraum im Sinn, in dem diese Vorgänge sich ereigneten.
Dieser Zeitpunkt oder -raum wird oft durch eine Zeitbestimmung ausdrücklich gekennzeichnet: *yesterday, last year, in 1976, three hours ago* und so weiter. Der Zeitbezug kann aber auch allein durch den Textzusammenhang deutlich werden.

54 → 55

Past Simple

54

Form

Infinitiv		*Past Simple*
fill talk like	I, you, we, they, he, she, it	filled talked liked
write take go	I, you, we, they, he, she, it	wrote took went

Das *Past Simple* setzt sich zusammen aus dem Infinitiv des Vollverbs + *-ed.*
Stummes -e entfällt.

Einige Verben bilden ein unregelmäßiges *Past Simple*, das heißt nicht mit *-ed* (▷ 44; *Anhang 3*, 21).

Besonderheiten bei der *-ed*-Endung

Infinitiv	*Past Simple*
try, apply	tried, applied
play, enjoy	played, enjoyed
stop, rob, beg	stopped, robbed, begged

y nach Konsonant wird zu *i*.

y nach Vokal bleibt erhalten.

Manchmal wird der letzte Buchstabe verdoppelt (▷ *Anhang 3*, 23).

Aussprache der *-ed*-Endung

Infinitiv	*Past Simple*
fill, love seem, turn	filled, loved seemed, turned
ask, help, laugh race, push	asked, helped, laughed raced, pushed
want, translate record	wanted, translated recorded

Die *-ed*-Endung wird grundsätzlich [d] ausgesprochen.

Nach den Endlauten [k, p, f, s, ʃ] wird *-ed* [t] ausgesprochen.

Nach den Endlauten [t, d] wird *-ed* [ɪd] ausgesprochen.

55 **Gebrauch**

Das *Past Simple* wird verwendet:

– I **saw** Harry last night. – **Did** you? – Yeah, he **looked** like death warmed up. – **Did** you **have** a word with him?

– um über Vorgänge in der abgeschlossenen Vergangenheit zu sprechen.

Yesterday the Government **announced** the introduction of a new plan to combat unemployment. A spokesman for the Home Office **said** ...

– in Berichten, Zeitungsartikeln.

Marlowe **watched** him as he entered the office. He **stopped** a moment to check his gun. Suddenly a shot **rang out** ...

– in Geschichten, Erzählungen.

– Ich habe Harry gestern gesehen. – Wirklich? – Ja, er sah aus wie der Tod.
– Hast du mit ihm gesprochen?
Gestern gab die Regierung die Einführung eines neuen Programms gegen die Arbeitslosigkeit bekannt. Ein Sprecher des Innenministeriums sagte ...
Marlowe beobachtete, wie er das Büro betrat. Er hielt einen Moment inne, um seine Pistole zu überprüfen. Plötzlich knallte ein Schuß ...

56 ⇩ 57

Past Continuous

Das *Past Continuous* wird wie das *Past Simple* verwendet, um Handlungen zu beschreiben, die in einem abgeschlossenen Zeitraum stattfinden. Im Gegensatz zum *Past Simple* betont das *Past Continuous* den Verlauf, das Andauern einer Handlung in der Vergangenheit.

56

Form

Infinitiv		Form von *be*	*-ing*-Form
take smile	I, he, she, it you, we, they	was were	taking smiling

Das *Past Continuous* setzt sich zusammen aus dem *Past Simple* von *be* + *ing*-Form des Vollverbs.

57

Gebrauch

Das *Past Continuous* wird verwendet:

- **This time last week** I **was lying** on the beach in Greece.
- **On 12 October 1985 at 8.30 a.m.** Richard Smiley **was sitting** in his cell and was waiting for his last meal to be served.

- um anzugeben, daß etwas zu einem bestimmten Zeitpunkt in der Vergangenheit gerade im Gang war.

I **was waiting** for you **all day yesterday.**

- um den Verlauf und die Dauer einer Handlung besonders hervorzuheben; oft mit *all day, all night* usw.

- I **was working** in the garden yesterday when suddenly a pain **shot up** my back and I **couldn't** move a muscle. I **called** Marge, who **was doing** the dishes in the kitchen, and she **called** for an ambulance. By the time they **arrived** I **was feeling** a bit better.

- um eine Handlung zu beschreiben, die schon im Gang war, als eine andere einsetzte. Die Hintergrundhandlung steht in der *Continuous Form*, die einsetzende in der *Simple Form*.

- Letzte Woche um diese Zeit lag ich gerade in Griechenland am Strand.
- Um 8.30 Uhr am 12. Oktober 1985 saß Richard Smiley in seiner Zelle und wartete darauf, daß seine letzte Mahlzeit serviert würde.
- Gestern arbeitete ich gerade im Garten, als in meinem Rücken plötzlich ein Schmerz hochschoß und ich mich nicht mehr bewegen konnte. Ich rief Marge, die gerade dabei war, in der Küche abzuwaschen, und sie rief einen Krankenwagen. Als der endlich kam, fühlte ich mich schon ein bißchen besser.

58

Past Simple und Past Continuous – eine Gegenüberstellung

Das *Past Simple* wird verwendet:

- wenn die Dauer nicht besonders betont werden soll.

I **waited** for Graham for three hours yesterday.

Das *Past Continuous* wird verwendet:

- um den Verlauf, die Dauer einer Handlung besonders hervorzuheben; oft mit *all day, all night* usw.

I **was waiting** for you all day yesterday.

– um auszudrücken, daß eine Handlung auf eine andere folgt.

– What **did** you **do** when the police **rang** last week? – I **told** Thomas to pack the bags and **rang** the airport to book a flight.

– Was hast du gemacht, als die Polizei letzte Woche anrief? (nachdem der Anruf erfolgt war) – Ich habe Thomas gesagt, er soll die Koffer packen, und habe den Flughafen angerufen, um einen Flug zu buchen.

– um auszudrücken, daß eine Handlung im Gang war, als eine andere einsetzte.

– What **were** you **doing** when the police **rang** last week? – I **was** just **telling** Thomas that we might have to leave the country very quickly.

– Was hast du gerade gemacht, als die Polizei letzte Woche anrief? – Ich habe Thomas gerade gesagt, daß wir das Land vielleicht sehr schnell verlassen müßten.

59 ↓ 63

Present Perfect

Das *Present Perfect* wird verwendet:

- bei abgeschlossenen Vorgängen ohne Zeitbestimmung;
- bei abgeschlossenen Vorgängen mit einigen Zeitbestimmungen;
- bei nicht abgeschlossenen Vorgängen, die in der Vergangenheit beginnen und noch andauern.

59 ↓ 60

Present Perfect Simple

59

Form

Infinitiv		Form von *have*	Partizip Perfekt
see travel	I, you, we, they he, she, it	have has	seen travelled

Das *Present Perfect Simple* setzt sich zusammen aus dem *Present Simple* von *have* + Partizip Perfekt des Vollverbs.

I **have** seen she **has** worked they **have** gone	ich habe gesehen sie hat gearbeitet sie sind gegangen

Beim englischen *Present Perfect* steht immer *have/has.* Die entsprechende deutsche Zeitform wird meist mit „haben" gebildet, manchmal aber auch mit „sein".

60 Gebrauch

Das *Present Perfect Simple* wird verwendet:

1. bei abgeschlossenen Vorgängen ohne Zeitbestimmung, bei denen der Zeitpunkt des Geschehens nicht wichtig oder unbekannt ist.

– I'**ve watered** the garden. What shall I do now?
– **Have** you **had** a look at the roses? – Yes, I **have**. They're okay.

Die Zeitform *Present Perfect Simple* bezieht sich meistens auf die unmittelbare Vergangenheit.

Someone **has ripped** a hole in my best jacket!
Oh no! You'**ve broken** the window!

Dabei ist oft das Ergebnis des Vorgangs wichtiger für den Sprecher als der Zeitpunkt des Vorgangs.

– **Have** you **been** to Wales?
– I'**ve been** to Scotland but I **haven't been** to Wales.

The Fisherman's Union **has announced** the winner in their annual competition. The cup **has been won** by a man from Cheshire.

Der Zeitpunkt kann auch weit zurückliegen. Das Ergebnis braucht nicht von großer Bedeutung zu sein. Ausschlaggebend ist, daß ein Zeitpunkt nicht erwähnt wird.

● The Government **has sent** a note of protest to the government of Transylvania to complain about the activities of local vampires. A number of British tourists **have been** badly **bitten** and **have flown back** to Britain as bats. This **has made** it difficult for Immigration officials to check their passports.

● Die britische Regierung hat der Regierung von Transsylvanien eine Protestnote überreicht, um gegen die Aktivitäten von einheimischen Vampiren zu protestieren. Mehrere britische Touristen sind ernsthaft gebissen worden und als Fledermäuse nach Großbritannien zurückgeflogen. Grenzbeamte hatten es dann schwer, ihre Pässe zu kontrollieren.

2. bei abgeschlossenen Vorgängen mit einigen Zeitbestimmungen.

Have you **seen** him **today**?
That's the best suggestion I'**ve heard this week**.
We **haven't had** a letter from him **so far**.

Vor allem mit Zeitbestimmungen, die einen Zeitraum beschreiben, der noch andauert; wie zum Beispiel *today, this week, this year, so far, up to now*

- **Have** you **ever been** to Edinburgh?
  I'**ve always said** that Maggie was a clever girl.

mit Häufigkeitsadverbien wie zum Beispiel *ever, never, always, often*

- I'**ve already paid** this bill.
- **Have** you **paid** this bill **yet**?
- They **haven't paid** the bill **yet**.

mit *already, yet*

- Lauda **has just set up** a new lap record for this course.
- But I'**ve only just bought** you a new dress.

mit *just, only just*

- Warst du schon mal in Edinburgh?
- Ich habe diese Rechnung schon bezahlt.
- Hast du diese Rechnung schon bezahlt?
- Sie haben die Rechnung noch nicht bezahlt.
- Lauda hat gerade einen neuen Rundenrekord für diese Strecke aufgestellt.
- Aber ich habe dir gerade erst ein neues Kleid gekauft.

ever = „jemals", „schon mal"
already = „schon" in bejahten Sätzen
yet = „schon" bei Fragen
yet = „noch" in verneinten Sätzen

3. bei der Beschreibung nicht abgeschlossener Zustände, die in der Vergangenheit beginnen und noch andauern.

- I **have known** Jack **for** 26 years.
- We **have been** good friends **since** October 1954.
- – **How long have** you **had** your car now?
- – Let me see. I'**ve had** it **for** over 20 years – **since** 1967 to be exact.

Bei Verben, die einen Zustand beschreiben (▷ 48), in Verbindung mit *for, since* und *how long.*

- Ich kenne Jack schon seit 26 Jahren.
  (Ich habe ihn vor 26 Jahren kennengelernt und wir treffen uns immer noch.)
- Seit Oktober 1954 sind wir gute Freunde.
- – Wie lange hast du deinen Wagen jetzt schon?
- – Laß mich mal überlegen. Ich habe ihn schon seit über 20 Jahren – seit 1967, um genau zu sein.

Das *Present Perfect* mit *since, for* und *how long* entspricht der deutschen Gegenwartsform; oft mit „schon".

„seit" + Zeitraum = *for*
„seit" + Zeitpunkt = *since*

61 ↓ 62

Present Perfect Continuous

61

Form

Infinitiv		Form von *have*	*been*	*-ing*-Form
ask go	I, you, we, they he, she, it	have has	been been	asking going

Das *Present Perfect Continuous* setzt sich zusammen aus dem *Present Simple* von *have* + *been* + *-ing*-Form des Vollverbs.

62

Gebrauch

Das *Present Perfect Continuous* wird verwendet:

- – **How long have** you **been waiting** for your passport, Mr O'Neill?
  – **Since** 8 o'clock this morning!
- They'**ve been dancing** non-stop **for** two and a half days. That must be a new world record!

– mit *since, for* und *how long* bei bejahten Handlungen. Diese Handlungen dauern im Moment noch an.

My wife and I **have been going** to that pub **for** over 35 years now.
– **How long have** you **been collecting** beer-mats, Mr Harris?
– I'**ve been collecting** beer-mats **since** 1964.

– mit *since, for, how long* bei Gewohnheiten, die nicht unbedingt im Moment stattfinden.

Where've you been? – I'**ve been working** in the garden.

– bei Handlungen, die kurz zuvor abgeschlossen worden sind.

He'**s been talking** about buying a new car.
I'**ve been waiting** for you **all day**.

– um die Dauer einer Handlung besonders hervorzuheben; oft mit *all day, all night* usw.

- – Wie lange warten Sie schon auf Ihren Paß, Herr O'Neill?
  – Seit 8 Uhr heute früh!
- Sie tanzen schon seit zweieinhalb Tagen ohne Unterbrechung ...

Im Deutschen wird hier die Gegenwartsform verwendet; oft in Verbindung mit „schon".

63 Present Perfect Simple – Present Perfect Continuous – eine Gegenüberstellung

Das *Present Perfect Simple* wird verwendet:

– bei Verben, die einen Zustand beschreiben, der in der Vergangenheit beginnt und noch andauert.

I'**ve been** here for three hours.

Ich bin seit drei Stunden hier.

– mit *since, for, how long* vor allem bei verneinten Handlungen.

I **haven't played** chess for twenty years.

Ich habe seit 20 Jahren kein Schach mehr gespielt.

– bei Gewohnheiten.

How long **have** you **collected** beer-mats, Mr Harris?

Wie lange sammeln Sie schon Bierdeckel, Herr Harris?

– bei abgeschlossenen Handlungen.

I'**ve watched** the Cup Final many times, but I've never seen a better game than that.

Ich habe das Pokalendspiel schon oft angeschaut, aber das war das beste Spiel überhaupt.

Present Perfect Simple – Present Perfect Continuous – a comparison

Das *Present Perfect Continuous* wird verwendet:

– bei Verben, die eine Handlung beschreiben, die in der Vergangenheit beginnt und noch andauert.

I'**ve been working** here for three hours.

Ich arbeite hier seit drei Stunden.

– mit *since, for, how long* bei bejahten Handlungen.

I'**ve been playing** chess for twenty years.

Ich spiele seit 20 Jahren Schach.

– bei Gewohnheiten, wenn die Dauer besonders hervorgehoben werden soll.

How long **have** you **been collecting** beer-mats, Mr Harris?

Wie lange sammeln Sie schon Bierdeckel, Herr Harris?

– bei Handlungen, die noch andauern.

I'**ve been watching** the Cup Final for two hours. They're into extra time.

Ich schaue seit zwei Stunden das Pokalendspiel an. Sie sind in der Verlängerung.

64 → 66 **Present Perfect oder Past? Present Perfect or Past?**

Es gibt deutliche Unterschiede in der Verwendung und in der Bedeutung von *Present Perfect* und *Past.* In den meisten Fällen ist nur eine der beiden Zeitformen möglich.
Welche von beiden verwendet wird, hängt zumeist von der begleitenden Zeitbestimmung ab. Manche Zeitbestimmungen lassen nur den Gebrauch des *Present Perfect* zu, andere wiederum nur das *Past.*
Die Zeitbestimmungen sind es, die die Zeitform bestimmen – ob die Handlung abgeschlossen ist oder nicht, ist dabei unerheblich. Manche Zeitbestimmungen sind jedoch mehrdeutig.
Wenn keine Zeitbestimmung vorhanden ist, entscheidet der Textzusammenhang über die Zeitform.

64 **Mit Zeitbestimmungen**

Das *Present Perfect* steht normalerweise bei den Zeitbestimmungen:

> today, this ..., so far, up to now, till now, already, yet, ever, never, in my life, always, often, just, only just, how long, for, since

– bei allen Angaben, die einen Zeitabschnitt beschreiben, der in der Vergangenheit anfing und noch andauert.

- The roads **have been** extremely busy this week.
- I **haven't seen** him yet.
  – How long **have** you **had** your sewing machine?
  – I**'ve had** it for eight years now.
- Jimmy**'s** just **left**.
- I**'ve been playing** chess since I was a boy.

Das *Past* steht normalerweise bei den Zeitbestimmungen:

> yesterday, last ..., then, when, ... ago, at that time, formerly

– bei Tages-, Monats- und Jahresangaben wie zum Beispiel *on Tuesday, in January, in 1976*

– und bei allen Angaben, die einen Zeitabschnitt beschreiben, der abgeschlossen ist.

- The roads **were** extremely busy last week.
- I **didn't see** him yesterday.
  – When **did** you **buy** your sewing machine?
  – I **bought** it in 1962.
- Jimmy **left** two minutes ago.
- Well, I **played** chess when I was a boy.

● Die Straßen waren diese Woche sehr voll. Die Straßen sind diese Woche sehr voll gewesen.	● Die Straßen waren letzte Woche sehr voll. Die Straßen sind letzte Woche sehr voll gewesen.
Die entsprechenden deutschen Zeitformen sind oft austauschbar. Die deutsche Zeitform läßt keinen Schluß auf die im Englischen verwendete Zeitform zu. Die Zeitform im Englischen wird durch die Zeitbestimmungen *this week, last week* vorgegeben.	
● Ich habe ihn noch nicht gesehen.	● Ich habe ihn gestern nicht gesehen.
Im Deutschen wird meistens die Zeitform Perfekt verwendet, um über die Vergangenheit zu sprechen. Das läßt sich nicht immer direkt ins Englische übertragen. Hier bestimmt die Zeitbestimmung die Zeitform.	
● Jimmy ist gerade gegangen.	● Jimmy ist vor zwei Minuten gegangen.
Ob die Handlung abgeschlossen ist oder nicht, ob sie in der fernen oder nahen Vergangenheit stattfand, ist unerheblich. Ausschlaggebend ist immer die Zeitbestimmung.	
● Ich spiele seit meiner Kindheit Schach.	● Ich spielte Schach, als ich jung war.
Present Perfect + since, for, how long entspricht der deutschen Gegenwartsform.	

65 Mit mehrdeutigen Zeitbestimmungen

	Present Perfect	*Past*
today	**Have** you **read** the paper today? Hast du heute die Zeitung schon gelesen? (Der Tag dauert noch an.)	How **was** work today, love? Wie war's heute bei der Arbeit, Schatz? (Für diesen Tag ist die Arbeit schon beendet.)
this...	**Have** you **seen** her this morning? (Der Vormittag ist noch nicht zu Ende.)	**Did** you **see** her this morning? (Es ist jetzt Nachmittag oder Abend.)
recently	**Have** you **heard** from Chris recently? Hast du in letzter Zeit von Chris gehört?	Recently I **heard** about a new cure for cancer. Neulich habe ich von einer neuen Heilmethode gegen Krebs gehört.
ever	**Have** you ever **been** to Australia? Warst du schon mal in Australien? Bist du schon mal in Australien gewesen?	**Did** you ever **see** a kangaroo while you were in Australia? Hast du mal ein Känguruh gesehen, als du in Australien warst?
always	I'**ve** always **wanted** to go to Australia. Ich wollte schon immer mal nach Australien.	As a child I always **wanted** to go to Australia. Als Kind wollte ich immer nach Australien gehen.
for...	I **have lived** in Australia for five years. Ich lebe seit fünf Jahren in Australien.	I **lived** in Australia for five years. Ich habe fünf Jahre lang in Australien gelebt. (Jetzt lebe ich nicht mehr dort.)
never	I'**ve** never **been** to Sydney. Ich war noch nie in Sydney.	I never **went** to Sydney though. Ich bin damals allerdings nie in Sydney gewesen.

66 Ohne Zeitbestimmungen

Ist keine Zeitbestimmung vorhanden, entscheidet die Situation oder der Textzusammenhang, welche Zeitform verwendet wird.
Wenn ein Bezug zu einer bestimmten abgeschlossenen Zeit hergestellt wird, dann wird das *Past* verwendet. Der Zeitbezug kann durch eine früher erwähnte Zeitangabe, durch eine Ortsbestimmung oder durch die allgemeine Situation hergestellt werden. Fehlt dieser Zeitbezug, oder ist der Zeitpunkt des Geschehens unwichtig oder unbekannt, wird das *Present Perfect* verwendet.

Present Perfect	*Past*
Have you **seen** 'Gone with the Wind'? (irgendwann einmal)	**Did** you **see** 'Gone with the Wind'? (Es lief gestern abend im Fernsehen.)
A new cure for cancer **has been discovered**. (irgendwann in letzter Zeit)	America **was discovered** by Columbus. (Der Zeitbezug wird durch den historischen Hintergrund hergestellt.)
Mildred'**s lost** her new watch. (genauer Zeitpunkt unbekannt)	I **lost** my watch on the way to school. (Die Ortsangabe deutet indirekt den Zeitpunkt an.)
Mr Harris **has been made** chairman of the club committee. (neulich)	This watch **was made** in Switzerland. (Zeitpunkt unbekannt, aber der Herstellungsprozeß deutet auf einen abgeschlossenen Zeitraum.)
– Where'**ve** you **been**? (Ich warte schon die ganze Zeit auf dich.) – I'**ve been talking** to Mary.	– Where **were** you? (Ich habe vergebens auf dich gewartet und bin dann gegangen.) – Sorry, I **was talking** to Mary and I forgot all about our meeting.

67 ↓ 70 Past Perfect

Das *Past Perfect* drückt die Vorvergangenheit aus.
Es wird verwendet, wenn man über die Vergangenheit spricht und dabei etwas beschreibt, was noch weiter zurückliegt.

67 ↓ 68 Past Perfect Simple

67 Form

Infinitiv		*had*	Partizip Perfekt
eat come	I, you, we, they, he, she, it	had had	eaten come

Das *Past Perfect Simple* setzt sich zusammen aus *had* + Partizip Perfekt des Vollverbs.

68 Gebrauch

Das *Past Perfect Simple* wird verwendet:

When I arrived yesterday, my husband **had** already **left**. • When Scott arrived at the South Pole, he discovered that Amundsen **had been** there before him.	– um Vorgänge oder Zustände zu beschreiben, die vor einem Zeitpunkt in der Vergangenheit liegen.
• Kevin said he **had** never **seen** such a beautiful landscape.	– in der indirekten Rede (▷ 235).
• If we **hadn't refused** their offer, we would be better off now.	– in *if*-Sätzen (▷ 229).

- Als Scott am Südpol ankam, entdeckte er, daß Amundsen vor ihm dort gewesen war.
- Kevin sagte, er habe noch nie eine derartig schöne Landschaft gesehen.
- Wenn wir ihr Angebot nicht abgelehnt hätten, wären wir jetzt besser dran.

69 ↓ 70

Past Perfect Continuous

Das *Past Perfect Continuous* hat eine ähnliche Funktion wie das *Present Perfect Continuous* (▷ 62).
Das *Past Perfect Continuous* beschreibt einen Vorgang, der in der Vorvergangenheit beginnt und bis zu einem Zeitpunkt in der Vergangenheit andauert.

69 Form

Infinitiv		*had been*	*-ing*-Form
wait play	I, you, we, they, he, she, it	had been had been	waiting playing

Das *Past Perfect Continuous* setzt sich zusammen aus *had been* + *-ing*-Form des Vollverbs.

70 Gebrauch

Das *Past Perfect Continuous* wird verwendet:

When I finally arrived, she **had been waiting** for me for two hours.
She **had been passing** the time by counting the flowers on the wallpaper.
By 6 o'clock Marvin **had been signing** autographs for ten hours.

– für Handlungen, die in der Vorvergangenheit beginnen und bis zu einem bestimmten Zeitpunkt in der Vergangenheit andauern.

Apparently he **had been having** problems with his boss.

– um den Verlauf einer Handlung in der Vorvergangenheit zu betonen.

Ian told the inspector he'**d been playing** chess with a friend at the time of the murder.

– in der indirekten Rede (▷ 235).

Als ich endlich ankam, hatte sie schon seit zwei Stunden auf mich gewartet.
Sie hatte sich die Zeit damit vertrieben, die Blumen auf der Tapete zu zählen.
Um 6 Uhr hatte Marvin schon zehn Stunden lang Autogramme gegeben.
Offenbar hatte er dauernd Schwierigkeiten mit seinem Chef gehabt.
Ian sagte dem Inspektor, er hätte zum Zeitpunkt des Mordes mit einer Freundin Schach gespielt.

71 ↓ 82

Zukunft – Möglichkeiten der Darstellung   Ways of expressing the future

Im Englischen gibt es verschiedene Zeitformen, um zukünftige Vorgänge zu beschreiben:

- *will-Future (Future Simple)*
- *going to-Future*
- *Present Continuous*
- *Future Continuous*
- *Present Simple*

Die Zeitform, die vom Sprecher gewählt wird, hängt von verschiedenen Punkten ab:

- von seiner Sprechabsicht

  und/oder

- davon, wie er den zukünftigen Vorgang einschätzt.

Manchmal gibt es mehrere Möglichkeiten, ein und denselben Sachverhalt auszudrücken. Vor allem die Formen *going to-Future, Future Continuous* und *Present Continuous* sind in der Verwendung sehr ähnlich und manchmal austauschbar.

71 ↓ 72

will-Future (Future Simple)

71

Form

Infinitiv		*will*-Form	Infinitiv
come try be	I, you, we, they, he, she, it	will will won't	come try be

Das *will-Future* setzt sich zusammen aus *will* + Infinitiv des Vollverbs.

won't = *will not* (▷ *Anhang* 3, 22)

72 Gebrauch

Das *will-Future* wird verwendet:

• Next year the UK gross national product **will increase** by 5%. • The Government has announced that there **will be** a tax reduction. • I suppose that **won't have** any effect on us. • I expect that as usual the rich **will get** richer and the poor **will get** poorer.	– um einen zukünftigen Vorgang zu beschreiben, auf den der Sprecher keinen Einfluß hat; oft mit *I suppose, I'm sure, I expect, certainly, possibly, probably* und so weiter.
Tomorrow it **will be** cloudy with sunny intervals.	– bei Vorhersagen.
– I've left my umbrella in the house! – Hang on, I'**ll get** it for you.	– bei Versprechen.
Tom! **Will** you **bring** Sue's umbrella with you?	– um eine Bitte auszudrücken.
If we catch the early train, we'**ll be** back in time for tea.	– bei *if*-Sätzen im Hauptsatz (▷ 230).

- Nächstes Jahr wird das britische Bruttosozialprodukt um 5% steigen.
- Die Regierung hat bekanntgegeben, daß es eine Steuersenkung geben wird.
- Ich nehme an, daß uns das nicht berührt.
- Ich nehme an, daß wie immer die Reichen reicher und die Armen ärmer werden.

73 ▽ 74 *going to*-Future

73 Form

Infinitiv		Form von *be*	*going to*	Infinitiv
write buy help	I you, we, they he, she, it	am are is	going to going to going to	write buy help

Das *going to-Future* setzt sich zusammen aus *Present* von *be* + *going to* + Infinitiv des Vollverbs.

74 **Gebrauch**

Das *going to-Future* wird verwendet:

I'm **going to write** a letter to the Times about this matter.
Dad's **going to buy** a new car next year. – Is he? What kind?

– um eine feststehende Absicht auszudrücken.

It looks like it's **going to snow**.
It's **going to be** a long, hard winter.
● You're **going to have** a hard job getting that book back from her.

– um eine Schlußfolgerung auszudrücken, die aufgrund bereits bekannter Tatsachen oder Umstände naheliegt.

● Du wirst es schwer haben, das Buch von ihr wieder zurückzubekommen.

75 **Present Continuous als Ausdruck von zukünftigen Ereignissen**

Present Continuous as an expression of future events

Das *Present Continuous* als Ausdruck der Zukunft wird sehr ähnlich verwendet wie das *going to-Future* (▷ 74). Im Unterschied zum *going to-Future* muß beim *Present Continuous* zumeist eine Zeitbestimmung der Zukunft verwendet werden, damit keine Verwechselungen mit der Gegenwartsbedeutung möglich sind.

My parents **are coming** to stay with us over Christmas.
● Mr Evans **is flying** to Madrid tomorrow.
– What **are** you **doing** on Sunday, Charly?
– Me? I'**m not doing** anything.

Das *Present Continuous* wird zur Beschreibung von Vorhaben und Vereinbarungen verwendet.

● Mr Evans fliegt morgen nach Madrid.

76 **Future Continuous**
↓
77

76 **Form**

Infinitiv		*will be*	*-ing*-Form
take work	I, you, we, they, he, she, it	will be will be	taking working

Das *Future Continuous* setzt sich zusammen aus *will* + *be* + *-ing*-Form des Vollverbs.

77 Gebrauch

Das *Future Continuous* wird verwendet:

• – This time next week we'**ll be drinking** champagne and **eating** caviar at the Ritz. – If you win the pools, we'**ll be doing** a lot more than just eating and drinking.	– wenn der Sprecher sich vorstellt, was zu einem Zeitpunkt in der Zukunft gerade stattfindet.
– When I get home tonight, Jim **will be cooking** the evening meal. – What a good husband you've got! When I get home, mine **will be watching** telly with his feet up as usual.	– um eine zukünftige Handlung zu beschreiben, die im Gang ist, wenn eine andere einsetzt.

• Nächste Woche um diese Zeit werden wir im Ritz Champagner trinken und Kaviar essen.

78 Present Simple als Ausdruck von zukünftigen Ereignissen — Present Simple as an expression of future events

Das englische *Present Simple* wird im Gegensatz zur deutschen Gegenwartsform selten zur Beschreibung von zukünftigen Vorgängen verwendet.

Das *Present Simple* als Ausdruck der Zukunft wird verwendet:

The plane **leaves** at 10.15 next Tuesday. What time **does** the next bus **go**?	– bei Zeit- und Fahrplänen.
The concert **begins** at half past eight. What time **does** the match **start**, Bill?	– bei Veranstaltungen, die terminlich festgelegt sind.

9 Verben mit Zukunftsbedeutung — Verbs with future meaning

Im Englischen gilt die Grundregel: *future sense – future tense.*
Es gibt allerdings eine Reihe von Verben, die in ihrer Bedeutung bereits einen Zukunftsaspekt beinhalten und deshalb im *Present Tense* stehen.

- This is David Snow reporting from the Spaghetti-Eating World Championships: Nora Bone **is about to** attempt to set up a new world record of 10 metres in under 30 seconds. She **is on the point of** putting the first spaghetti into her mouth. It'**s certain to** be a very exciting contest.
- Nora **hopes** to get into the Brown Ale Book of Records. She **wants** to improve her record next year.
- She **can** try again tomorrow if her attempt fails today.

Zu diesen Verben gehören

– Verben, die ausdrücken, daß ein Ereignis unmittelbar bevorsteht:

be about to, be on the point of, be certain to, be sure to

– Verben, die einen Wunsch oder eine Absicht ausdrücken:

hope, want, intend, expect

– modale Hilfsverben

- Hier ist David Snow mit einem Bericht von den Weltmeisterschaften im Spaghetti-Essen: Nora Bone wird jetzt versuchen, einen neuen Weltrekord von 10 Metern in unter 30 Sekunden aufzustellen. Sie ist kurz davor, das erste Spaghetti in den Mund zu nehmen. Es wird sicherlich ein sehr spannender Wettkampf.
- Nora hofft, in das Brown Ale Buch der Rekorde zu kommen.
- Sie kann's morgen nochmal versuchen, wenn ihr Versuch heute fehlschlägt.

30 Zukunft und Zeitkonjunktionen — Future and temporal conjunctions

Obwohl im Englischen die Grundregel *future sense – future tense* gilt, gibt es eine Reihe von Zeitkonjunktionen, nach denen eine Zukunftsform des Verbs nicht verwendet wird.

– I'm freezing! Can't you drive a bit faster?
- – When we **get** home, I'll make you a nice hot cup of tea.
- – By the time we **arrive** home, I'll be frozen stiff!
- – Listen, I can't do anything about it until we'**re** in the house, can I? I'**ll make** you a hot-water bottle as soon as we **get** home.

– If you **make** the hot-water bottle, I'**ll make** a cup of tea.

Nach folgenden Zeitkonjunktionen steht im Nebensatz *Present Tense:*

when, by the time, until, before, as soon as

Im Hauptsatz steht eine Zukunftsform.

Das gleiche gilt in *if*-Sätzen (▷ 230).

- – Wenn wir nach Hause kommen, mach' ich dir eine schöne heiße Tasse Tee.
- – Bis wir zu Hause ankommen, bin ich steif gefroren!
- – Hör mal, ich kann da nichts machen, bis wir zu Hause sind, oder? Ich mach' dir eine Wärmflasche, sobald wir nach Hause kommen.

81 ↓ 82

Future Perfect Simple

81

Form

Infinitiv		*will have*	Partizip Perfekt
finish be	I, you, we, they, he, she, it	will have will have	finished been

Das *Future Perfect Simple* setzt sich zusammen aus *will have* + Partizip Perfekt des Vollverbs.

82

Gebrauch

Das *Future Perfect Simple* wird verwendet, wenn man sich einen Zeitpunkt in der Zukunft vorstellt und von diesem Zeitpunkt aus zurückblickt auf das, was sich bis zu diesem Zeitpunkt ereignet haben wird.

Next October we **will have been** in Britain for five years.

– I hope you **will have finished** that book **by** tomorrow.
– Oh no, I **won't have finished** it **until** Thursday.

Eine Zeitbestimmung der Zukunft ist Voraussetzung.
by = „bis"
not + *until* = „nicht vor"

Nächsten Oktober sind wir schon seit fünf Jahren in England.
– Ich hoffe, du hast bis morgen das Buch ausgelesen.
– O nein, ich werde es vor Donnerstag nicht ausgelesen haben.

Die entsprechende Zeitform ist im Deutschen möglich, aber weniger gebräuchlich als im Englischen.

83 ↓ 86

Verbformen mit *would* — Verb forms with *would*

Bei diesen Formen handelt es sich um:

would + Infinitiv → *Conditional Simple/Conditional I*
would have + Partizip Perfekt → *Conditional Perfect/Conditional II*

Die Verbformen, die mit *would* gebildet werden, haben Ähnlichkeiten mit den Zeitformen. Im Gegensatz zu den Zeitformen stellen sie jedoch keinen eindeutigen Bezug zu einer bestimmten Zeit her:

I **would tell** her the truth.	→ Gegenwart oder Zukunft
It was dark. Nobody **would recognize** me.	→ Vergangenheit
If you'd given it to John, it **would have been** ready by tomorrow.	→ Zukunft
I **would have helped** you if I'd known.	→ Vergangenheit

Ich würde ihr die Wahrheit sagen.
Es war dunkel. Niemand würde mich erkennen.
Wenn du es John gegeben hättest, wäre es bis morgen fertig gewesen.
Ich hätte dir geholfen, wenn ich es gewußt hätte.

Oft sagt *would* mehr über die Einstellung des Sprechers zum Geschehen aus als über den Zeitbezug.
Die Verwendung von *would* hat somit modalen Charakter.
Obwohl die Formen mit *would* nicht eindeutig den Zeitformen zugeordnet werden können, wird ihre Verwendung an dieser Stelle zusammengefaßt.

83 ▽ 84

Conditional Simple

83

Form

Infinitiv		*would*	Infinitiv
go help	I, you, we, they, he, she, it	would would	go help

Das *Conditional Simple* setzt sich zusammen aus *would* + Infinitiv des Vollverbs.

84

Gebrauch

Das *Conditional Simple* wird verwendet:

● If I won the pools, I **would go** on a trip round the world. Dad **wouldn't give** you the travellers' cheques, if he didn't trust you.	– in *if*-Sätzen (▷ 229, 231).
I **wouldn't say** that. (if I were you) ● I **would go** to Mr Jones and tell him the truth. (if I were in your position)	– in *if*-Sätzen, in denen der *if*-Teil nicht ausgesprochen werden muß.
Would you **give** me a hand, please? **Would** you **pass** the salt?	– in höflichen Bitten (▷ 109).
Gordon said he **would take** the car to the garage for me.	– in der indirekten Rede (▷ 235).

● Wenn ich im Fußballtoto gewinnen würde, würde ich eine Weltreise machen.
● Ich würde zu Herrn Jones gehen und ihm die Wahrheit sagen.
(wenn ich in deiner Lage wäre)

85 **Conditional Perfect Simple**

↓

86

85 Form

Infinitiv		*would have*	Partizip Perfekt
give help	I, you, we, they, he, she, it	would have would have	given helped

Das *Conditional Perfect Simple* setzt sich zusammen aus *would have* + Partizip Perfekt des Vollverbs.

86 Gebrauch

Das *Conditional Perfect Simple* wird verwendet:

If I had known you were a Mozart fan, I **would have given** you my opera tickets.
We **would have made** a bigger profit. (if we'd used cotton instead of wool)

– in *if*-Sätzen (▷ 232).

– in *if*-Sätzen, in denen der *if*-Teil nicht ausgesprochen werden muß.

Wenn ich gewußt hätte, daß du Mozart-Liebhaber bist, hätte ich dir meine Opernkarten gegeben.
Wir hätten einen größeren Profit gemacht. (wenn wir Baumwolle statt Wolle verwendet hätten)

Kapitel 4 Das Passiv The Passive

37 Überblick über die gebräuchlichsten Zeitformen im Passiv — Table of the most common tenses in the passive

Die Regeln für die Verwendung der Zeitformen sind für das Passiv die gleichen wie für das Aktiv.

Zu den gebräuchlichsten Zeitformen im Passiv gehören:

Simple Forms

Present	The environment **is threatened** by pollution.
Past	In the past industrial waste **was** simply **pumped** into the nearest river.
Present Perfect	Millions of fish **have been poisoned**.
Past Perfect	Up to the seventies not enough **had been done** to protect nature.
Future	A new law **will be introduced** next year.

am/is/are
was/were
has/have been + Partizip Perfekt
had been
will be

Die Umwelt wird durch Verschmutzung bedroht.
In der Vergangenheit wurde Industrieabwasser einfach in den nächsten Fluß gepumpt.
Millionen von Fischen sind vergiftet worden.
Bis zu den siebziger Jahren war nicht genug getan worden, um die Natur zu schützen.
Ein neues Gesetz wird nächstes Jahr eingeführt (werden).

Continuous Forms

Present	It **is** now **being discussed** in Parliament.
Past	MP's **were being asked** by various lobbies to vote against the law.

am/is/are
being + Partizip Perfekt
was/were

Es wird jetzt im Parlament diskutiert.
Abgeordnete wurden von verschiedenen Lobbys gebeten, gegen das Gesetz zu stimmen.

Die *Continuous Form* im Passiv gibt es nur bei den Zeitformen *Present* und *Past*.

Mit modalen Hilfsverben

The law **must be passed** before it's too late. It **shouldn't be delayed** any longer.

can/could/must / *may/might/should* > *be* + Partizip Perfekt

Das Gesetz muß verabschiedet werden, bevor es zu spät ist. Es sollte nicht länger aufgeschoben werden.

88 Passiv und Aktiv — Passive and active

Subjekt		Objekt	
They	have passed	a new law.	
Sie	haben	ein neues Gesetz	verabschiedet.

Im Aktivsatz ist das Subjekt des Satzes „Handelnder". Es führt aktiv etwas aus.

Subjekt	
A new law	has been passed.
Ein neues Gesetz	ist verabschiedet worden.

Im Passivsatz handelt das Subjekt nicht. Ihm wird etwas „zugefügt". Es verhält sich passiv.

89 → 90 Passiv – Form und Gebrauch — Passive – form and use

89 Form

	Zeitform von *be*	Partizip Perfekt	
The palace It	was has been	built restored	in 1675. twice.

Im Englischen setzt sich das Passiv zusammen aus:

Form von *be* + Partizip Perfekt

Der Palast wurde 1675 gebaut. Er ist schon zweimal restauriert worden.

Im Deutschen setzt sich das Passiv zusammen aus: Form von „werden" + Partizip Perfekt

90 Gebrauch

Das Passiv wird in erster Linie in der Schriftsprache verwendet, vor allem in Zeitungen, Zeitschriften, Berichten, Anweisungen, Anleitungen; aber auch in Anreden. In der Umgangssprache ist es weniger gebräuchlich.

Oil **has been found** off the coast of Wales.
The news **was announced** in London yesterday.
The oil field **has been described** as “very extensive”.

The President of B.O. Oil **has been nominated** for a medal.

“Petrol prices **will be adjusted** to the increased costs”, said a spokesperson for B.O. Oil yesterday.

Das Passiv wird verwendet,

- wenn der Ausführende unbekannt, unwichtig oder selbstverständlich ist.
- wenn ein Gegenstand oder eine nicht handelnde Person in den Vordergrund gerückt werden soll.
- wenn der eigentliche Ausführende nicht genannt werden soll.

Öl ist vor der Küste von Wales gefunden worden.
Die Nachricht wurde gestern in London bekanntgegeben.
Das Ölfeld wurde als „sehr umfangreich“ bezeichnet.
Der Präsident von B.O. Oil ist für eine Auszeichnung vorgeschlagen worden.
„Die Benzinpreise werden den gestiegenen Kosten angepaßt werden“, sagte eine Sprecherin der B.O. Oil gestern.

Im Passivsatz kann der Ausführende auch genannt werden.
Er wird dann mit der Präposition *by* eingeführt (= *by-agent*).

- The news was announced **by a spokesman** for B.O. Oil yesterday.
- The B.O. Oil Corp. was founded **by G. R. Rigby**.
  The book “The Oil Magnates” was written **by George Blair**.

Der *by-agent* ist

- zusätzliche Information.
- notwendiger Bestandteil des Satzes (der Satz hätte sonst keinen Sinn).

- Die Nachricht wurde gestern von einem Sprecher der B.O. Oil bekanntgegeben.
- Die B.O. Oil Gesellschaft wurde von G.R. Rigby gegründet.

„von“ = *by*

Aktiv statt Passiv

– **They**'ve found oil off the coast of North Wales. – Really?
– Yes, it said on the news yesterday.
They want to give G.R. a medal for it. – Bloody ridiculous!

They're putting the price of petrol up again.

In der Umgangssprache wird die Aktivform der Passivform vorgezogen. Der Ausführende wird meistens unpersönlich mit *they* umschrieben.

91 Satzmuster im Passiv — Types of passive sentences

1.

	Subjekt	Verbteil	Direktes Objekt	
Passiv:	**Oil**	has been found		in Scotland.
Aktiv:	They	have found	**oil**	in Scotland.
Passiv:	**The president**	has been nominated		for a medal.
Aktiv:	They	have nominated	**the president**	for a medal.

Das Subjekt im Passivsatz entspricht dem direkten Objekt des Aktivsatzes.

Zur Vermeidung eines Passivsatzes wird in der Umgangssprache die Aktivform (meistens mit *they*) gewählt.

2.

	Subjekt	Verbteil	Indirektes Objekt	Direktes Objekt
Passiv:	**The 1st prize**	was awarded	**to Mary Read**.	
Aktiv:	The jury	awarded	Mary Read	**the 1st prize**.
Passiv:	**A warm welcome**	was given	**to the Queen**.	
Aktiv:	The people	gave	the Queen	**a warm welcome**.

Enthält der Passivsatz ein indirektes Objekt, wird es mit *to* eingeführt.
Dieses Satzmuster ist selten und hat formellen Charakter.

3.

	Subjekt	Verbteil	Indirektes Objekt	Direktes Objekt
Passiv:	**I**	was given		a bill for £ 55.
Aktiv:	The waiter	gave	**me**	a bill for £ 55.
Passiv:	● **She**	was awarded		the 1st prize.
Aktiv:	The jury	awarded	**her**	the 1st prize.

● Der erste Preis wurde ihr verliehen.

Im Englischen kann das Subjekt des Passivsatzes auch dem indirekten Objekt des Aktivsatzes entsprechen.

Das Personalpronomen im Passivsatz hat immer Subjektform.

Dieses Satzmuster ist im Deutschen nicht möglich.

4.

	Subjekt	Verbteil	Präposition	Präpositionalobjekt	
Passiv:	• **The matter**	will be attended	**to**		immediately!
Aktiv:	We	will attend	**to**	**the matter**	immediately!
Passiv:	• **He**	will be taken care	**of.**		
Aktiv:	They	will take care	**of**	**him**.	

Das Subjekt des Passivsatzes entspricht dem Präpositionalobjekt des Aktivsatzes.

Die Präposition steht wie im Aktivsatz direkt nach dem Verbteil.

- Die Angelegenheit wird sofort erledigt.
- Es wird für ihn gesorgt werden.

92 Passiv im Englischen – im Deutschen die „man"-Konstruktion

Das Passiv tritt im Englischen häufig auf. Die deutsche Sprache bevorzugt oft einen Aktivsatz mit „man".

Passiv im Englischen	„man"-Konstruktion im Deutschen
English is spoken all over the world.	Englisch spricht man überall auf der Welt.
English is thought to have a vocabulary of nearly a million words.	Man glaubt, daß Englisch einen Wortschatz von fast einer Million Wörter hat.

93 Das Passiv mit Verben des Meinens und Berichtens — The passive with certain verbs

Verben des Meinens und Berichtens werden oft im Passiv verwendet. Danach steht der *to*-Infinitiv.

Subjekt	Verbteil	*to*-Infinitiv	
H. Hughes	**is said**	to be	the richest man in the world.
He	**is reported**	to possess	a fortune of three billion dollars.
He	**is believed**	to have started out	as a dishwasher.
America	**is supposed**	to be	the land of unlimited possibilities.

Zu diesen Verben gehören:

believe, consider, report, say, suppose, think

Man sagt, daß H. Hughes der reichste Mann der Welt ist.
Es wird berichtet, daß er ein Vermögen von drei Milliarden Dollar besitzt.
Man glaubt, daß er als Tellerwäscher angefangen hat.
Amerika soll das Land der unbegrenzten Möglichkeiten sein.

Im Deutschen müssen hier andere Satzkonstruktionen verwendet werden.

94 Das *get*-Passiv — The *get*-passive

Vor allem in der Umgangssprache wird *get* statt *be* für die Bildung des Passiv verwendet.

– Oh George, you look like you **got caught** in the rain.
– Yes, we **got soaked** on the way home.

Hurry up and **get dressed**.
Have you heard? Ben and Diana **are getting married**.

get + Partizip Perfekt → Passiv

– Oh, George, du siehst aus, als ob du vom Regen überrascht worden bist.
– Ja, wir sind auf dem Heimweg bis auf die Haut naß geworden.
Schnell, zieh dich an!
Hast du schon gehört? Ben und Diana heiraten.

Einige gängige Wendungen mit dem *get*-Passiv:

get dressed, get married, get divorced, get lost

Kapitel 5 Die Hilfsverben The auxiliaries

95 Vollverben und Hilfsverben Main verbs and auxiliaries

Wir können zwei Gruppen von Verben unterscheiden: Vollverben und Hilfsverben.

1. Vollverben

My parents **live** in Sweden now. Before that they **lived** in France. My father **worked** for a big industrial company in Paris. Then he **got** a very attractive offer from a Swedish company and they **moved** to Stockholm.

They've been **living** there for three years now. But they're **thinking** about going back to France.

Im bejahten Satz können Vollverben im *Past Simple* und *Present Simple* allein, d. h. ohne ein weiteres Verb im Satz auftreten.

In Verbindung mit Hilfsverben bilden sie alle anderen Zeitformen.

2. Hilfsverben

- How long **did** your father work in France?
- For 5 years. And he **has been** working in Sweden for 3 years now. But he **might** give up his job soon and go back to France.

Hilfsverben treten zusammen mit einem Vollverb auf und „helfen", bestimmte grammatische Formen (z.B. Fragen oder Zeitformen) zu bilden und Sprechabsichten zu formulieren.

- Wie lange hat dein Vater in Frankreich gearbeitet?
- 5 Jahre. Und seit 3 Jahren arbeitet er jetzt in Schweden. Aber es könnte sein, daß er bald seinen Job aufgibt und nach Frankreich zurückgeht.

Bei den Hilfsverben unterscheiden wir wiederum zwei Gruppen:
- die primären Hilfsverben: *be, have, do*
- die modalen Hilfsverben: *can, could, may, might, must, will, would, shall, should, ought to*

96 **Primäre Hilfsverben** **Primary auxiliaries**

Zu den primären Hilfsverben gehören *be, have* und *do.*

1. *be* als Hilfsverb

We'**re** having dinner right now. But we'll **be** leaving around eight.
John **was** watching baseball when suddenly the TV exploded.
Fortunately he **wasn't** hurt. Half of the living room **was** destroyed by the fire.

Als Hilfsverb hat *be* folgende Funktionen:

- Bildung der *Continuous*-Formen (▷ 45)
- Bildung der Passivformen (▷ 89)

2. *have* als Hilfsverb

I **hadn't** seen Jim for ages. Then I met him in a pub last month.
Since then we'**ve** met quite regularly.
I'**ve** been waiting here for hours. Can't you be on time just once?

Mit *have* werden die Perfektformen gebildet. (▷ 59, 61, 67, 69)

3. *do* als Hilfsverb

Als Hilfsverb hat *do* folgende Funktionen:

– **Do** you love me, sweetheart?
– I **don't** know, darling.

- Bildung von Fragen und Verneinungen (▷ 7, 18)

You went to the movies last night, **didn't you**?
Barnie really thinks he's clever, **doesn't he**?

- Frageanhängsel (▷ 23)

● Jim **does** look tired, doesn't he? He must be ill.
● **Do** be careful!

● – Why didn't you take the books to the library?
● – But I **did** take them!

- besondere Betonung (in bejahten Aussage- und Aufforderungssätzen)

● Jim sieht aber wirklich müde aus. Er muß krank sein.
● Sei bloß vorsichtig!
● – Warum hast du die Bücher nicht in die Bibliothek gebracht?
● – Aber ich habe sie doch hingebracht.

Abweichende Ausdrucksmöglichkeiten im Deutschen

97 ↓ 22

Die modalen Hilfsverben — The modal auxiliaries

Die primären Hilfsverben *have, be* und *do* werden vor allem zur Bildung von Zeitform, Passivform oder zur Bildung von Fragen und Verneinungen gebraucht. Die Form dieser Verben ist für uns wichtiger als ihre Bedeutung. Das ist bei den modalen Hilfsverben anders. Hier interessiert vor allem die Bedeutung.
Wir gebrauchen modale Hilfsverben zusammen mit einem Vollverb, um einer Aussage eine bestimmte Bedeutung zu geben. Modale Hilfsverben verwenden wir zum Beispiel zum Ausdruck von bestimmten Erwartungen, um auszudrücken, daß etwas möglich, unmöglich oder notwendig ist oder um unsere Meinung darzustellen.

John **was** watching baseball when the TV exploded. He was so shocked that he **didn't** know what to do first.	*be* hilft hier, die *Past Continuous*-Form zu bilden. *do not* verneint die Aussage.
You **must** take a taxi.	*must* drückt hier eine Notwendigkeit aus.
You **should** take a taxi.	*should* drückt hier einen Ratschlag aus.
You **could** take a taxi.	*could* drückt hier eine Möglichkeit aus.
Would you do me a favour?	*would* wird hier zum Ausdruck einer Bitte verwendet.

97

Die Form der modalen Hilfsverben — The form of the modal auxiliaries

Zu den modalen Hilfsverben gehören:

Bejahte Form	Kurzform	Verneinte Form	Kurzform
can		**cannot**	can't
could		could not	couldn't
may		may not	–
might		might not	mightn't
will	'll	will not	**won't**
would	'd	would not	wouldn't
shall	'll	shall not	**shan't**
should	'd	should not	shouldn't
ought to		ought not to	oughtn't to
need		need not	needn't
must		must not	mustn't

Modale Hilfsverben weisen einige Besonderheiten auf:

Sie haben in der 3. Person Singular des *Present* kein *-s*.

Sie können keine *-ing*-Form und keine *-ed*-Form bilden.

Grundregel:

Kein *-s*, kein *do*, kein *to*, kein *-ing*,
Vergangenheit und Zukunft
nehmen sie auch nicht so hin.

Fragen und Verneinungen werden nicht mit *do* gebildet.

Folgt ihnen ein Infinitiv, so wird dieser ohne *to* angeschlossen.

aber: *ought to*

Modale Hilfsverben können nicht alle Zeitformen bilden. Einige modale Hilfsverben haben daher Ersatzformen.

98 Die Ersatzformen der modalen Hilfsverben — The substitutes of the modal auxiliaries

Da die modalen Hilfsverben nicht alle Zeitformen bilden können, verwenden wir für die fehlenden Zeitformen Verben mit ähnlicher Bedeutung.

1. *can → be able to* — können (fähig sein, in der Lage sein)

can't → be not able to — nicht können (nicht fähig sein, nicht in der Lage sein)

	Bejahte Formen	Verneinte Formen
Present	can am/are/is able to	can't am not/aren't/isn't able to
Past	could was/were able to	couldn't wasn't/weren't able to
Present Perfect	have/has been able to	haven't/hasn't been able to
Future	will be able to	won't be able to
Conditional	could would be able to	couldn't wouldn't be able to
Conditional Perfect	could have would have been able to	couldn't have wouldn't have been able to

2.	*can, may → be allowed to*	dürfen (erlaubt sein)	*can't, may not → be not allowed to*	nicht dürfen (nicht erlaubt sein)

	Bejahte Formen	Verneinte Formen
Present	can may am/are/is allowed to	can't may not am not/aren't/isn't allowed to
Past	could might was/were allowed to	couldn't mightn't wasn't/weren't allowed to
Present Perfect	have/has been allowed to	haven't/hasn't been allowed to
Future	will be allowed to	won't be allowed to
Conditional	would be allowed to might be allowed to	wouldn't be allowed to might be allowed to
Conditional Perfect	would have been allowed to might have been allowed to	wouldn't have been allowed to mightn't have been allowed to

3.	*must → have to, have got to*	müssen	*not have to*	nicht müssen, nicht brauchen

Present	must have/has to have/has got to	– don't/doesn't have to
Past	had to	didn't have to
Present Perfect	have/has had to	haven't /hasn't had to
Future	will have to	won't have to
Conditional	would have to	wouldn't have to
Conditional Perfect	would have had to	wouldn't have had to

99 → 122 Gebrauch der modalen Hilfsverben   Use of modal auxiliaries

99 Übersicht über den Gebrauch modaler Hilfsverben   Summary of the use of modal auxiliaries

Mit modalen Hilfsverben können wir die unterschiedlichsten Eigenschaften und Sprechabsichten ausdrücken. Die nachfolgende Tabelle faßt verkürzt in Stichworten zusammen, was ein bestimmtes modales Hilfsverb ausdrücken kann. Zum Beispiel stehen die Stichworte „Angebot, Bitte" verkürzt für „jemandem etwas anbieten" und „jemanden um etwas bitten".

can, could (▷ 100–103)

Fähigkeit	I **can** speak English. As a kid I **could** run 100 metres in 11 seconds.	können, fähig sein, in der Lage sein
Angebote, Bitte	You **can** have my car if you want. **Could** you do me a favour?	können
Erlaubnis	You **can** go now if you want. **Could** I use your phone, please?	können, dürfen, erlaubt sein
Möglichkeit	You **can** lose a lot of money on the horses. I **could** have a really good time.	können, möglich sein

may, might (▷ 104–106)

Erlaubnis	You **may** take a day off. I wonder if I **might** use your phone for an international phone call.	können, dürfen, erlaubt sein
Möglichkeit	They **may/might** be booked up. You **may/might** be right but that's rather unlikely.	können, möglich sein
Vorschlag, Bitte	You **may/might** as well go home now. **May** I borrow your car?	können

will, would (▷ 107–109)

Vermutung, Wahrscheinlichkeit	They'**ll** be in São Paulo now.	wahrscheinlich sein
Bereitschaft, Absicht, Versprechen	I **will** stop smoking. I promise I'**ll** never do that again.	beabsichtigen, werden
Aufforderung, Bitte, Angebot, Einladung	**Will/Would** you give me a hand, please? **Would** you like some more juice? **Will** you come to my party? Take a seat, **will** you?	

shall (▷ 110)

Vorschlag, Angebot	**Shall** we go out for dinner? **Shall** I post the letter for you?	sollen

should, ought to (▷ 111–112)

Verpflichtung, Ratschlag	You **should/ought to** go to school. You **should/ought to** take some days off.	sollen, müssen
Vorwurf, Mißbilligung, Warnung	You **shouldn't/oughtn't to** make fun of him. You **shouldn't/oughtn't to** smoke that much.	

must (▷ 113, 114, 116)

Sicherheit, Bestimmtheit	That **must** be Tower Bridge. If A is bigger than B and B is bigger than C, then A **must** be the biggest.	müssen
Verpflichtung, Notwendigkeit	I **must** start work at 8.00. You **must** apologize for your bad behaviour.	

must not (▷ 115)

Verbot	You **must not** spit on the floor.	nicht dürfen

100 ↓ 103 ***can, could***

100 ***can, could:* Fähigkeit (können, fähig sein, in der Lage sein)**

1. Gegenwart

Give your watch to Malcolm. He **can** repair it.

can drückt eine allgemeine Fähigkeit aus. Das heißt wir sind jederzeit fähig, eine bestimmte Sache zu tun.

He'**s able to** repair your watch.
He **was able to** repair your watch.
He'**ll be able to** repair your watch.

be able to ist die Ersatzform für *can;* sie kann auftreten in der
- Gegenwart
- Vergangenheit
- Zukunft

2. Vergangenheit

– Can you speak Chinese?
– I **could** when I lived in Shangai but I can't now.

When I was a kid I **could/was able to** run 100 metres in 11 seconds.
● As a kid I **could/was able to** rollerskate quite well.

could bezieht sich auf die Vergangenheit und drückt aus, daß eine allgemeine Fähigkeit nicht weiter vorhanden oder aktuell ist. Anstelle von *could* kann hier auch die Ersatzform *was/were able to* stehen.

● Als Kind konnte ich ganz gut Rollschuh laufen.

On one occasion I **was able to** run 100 metres in less than 11 seconds. That was the only time I **was able to** beat Wilson.

Wenn wir hervorheben wollen, daß uns in der Vergangenheit eine bestimmte Sache oder Handlung gelungen ist, verwenden wir die Ersatzform.

Einmal gelang es mir, 100 Meter in weniger als 11 Sekunden zu laufen.
Das war das einzige Mal, daß ich Wilson schlagen konnte.

be able to = „gelingen"

I was so mad I **could have killed** her.
She's very intelligent. She **could** easily **have occupied** a leading position in the company.

could have + Partizip Perfekt drückt aus, daß zwar die Fähigkeit bestand, etwas Bestimmtes zu tun, dies aber nicht getan wurde.

Ich war so wütend, ich hätte sie umbringen können.
(Aber ich habe es natürlich nicht getan.)
Sie ist sehr intelligent. Sie hätte leicht eine führende Stellung in der Firma besetzen können.
(Aber sie ist immer noch eine kleine Angestellte.)

could have + Partizip Perfekt = „hätte(n) ... können"

3. Zukunft

By this time next year, I'**ll be able to** write programs for my computer.

Wenn wir vorhersagen wollen, daß wir in der Zukunft in der Lage sein werden, etwas Bestimmtes zu tun, verwenden wir *will be able to*.

Nächstes Jahr um diese Zeit bin ich in der Lage, Programme für meinen Computer zu schreiben.

101 *can, could:* **Angebot, Bitte (können)**

can wird gebraucht, um

- – I **can** give you a ride home if you like.
  – Oh thanks, that would be really nice.

  – **Can** I help you with your luggage?
  – Yes thanks, that's very kind of you.

  – **Can** you do the shopping today?
  – Sorry, I won't be home all day.

- – **Can** I have some more tea, please?
  – Of course, here you are.

– ein Angebot auszusprechen.

– eine Bitte zu äußern.

- Ich kann dich nach Hause fahren, wenn du möchtest.
- Kann ich bitte noch einen Tee haben?

- – Jane, **could** you take me to the station?
  – Sure. But I **could** also give you a lift home if you want.

- – **Could** I have a light, please?
  – Yes, of course.

Durch den Gebrauch von *could* wird das Angebot oder die Bitte höflicher oder auch respektvoller.

- Jane, könntest du mich wohl zum Bahnhof bringen?
- Könnte ich bitte mal Feuer haben?

102 *can, could:* **Erlaubnis (können, dürfen, erlaubt sein)**

You **can** go now if you want.
Can I have a week off, Fred?

can wird verwendet, um eine Erlaubnis zu erteilen oder einzuholen.

- When I was a child I **wasn't allowed to** watch TV.
- I'm not sure if we'**ll be allowed to** have the week off.

be (not) allowed to ist die Ersatzform von *can*. Sie wird unter anderem bei Zeitformen der Vergangenheit und Zukunft verwendet.

You **are not allowed to** drive a car without a license.

Tritt sie in der Gegenwart auf, hat sie meist offiziellen Charakter.

- Als ich ein Kind war, durfte ich nicht fernsehen.
- Ich bin nicht sicher, ob wir die Woche freibekommen.

Could I use your telephone?
- **Could** I have a week off, Mrs Barnes?

Durch den Gebrauch von *could* wird eine Erlaubnisfrage höflicher oder respektvoller.

- Könnte ich eine Woche freibekommen, Frau Barnes?

- You **may** go if you wish.

May I smoke in here?
May I use your telephone?

Anstelle von *can* oder *could* kann hier auch *may* stehen. *may* verleiht der Aussage einen formellen Charakter (▷ 104).

- Wenn Sie möchten, dürfen Sie gehen.

- – **Could** I use your car tonight?
  – Sorry, I'm afraid you **can't**. I've got an appointment tonight and I need it myself.

  – **Could** I ask you something?
  – Yes, of course you **can**. Go ahead.

In der Antwort auf eine Erlaubnisfrage mit *could* wird immer *can/can't* verwendet.

- – Könnte ich heute abend dein Auto haben?
  – Tut mir leid, das geht nicht. Ich habe heute abend eine Verabredung und brauche es selbst.

can, could: Möglichkeit (können, möglich sein)

- It **can** be cold and rainy here in August. But that's quite unusual. You **can** win a lot of money on the horses. But the chances are not very good.
- Cancer **can** be caused by radioactive fallout. Anybody **can** make mistakes.

can beschreibt Zustände, Ereignisse und Situationen, die theoretisch oder logisch denkbar sind. Dabei wird jedoch nichts darüber ausgesagt, ob das Denkbare tatsächlich eintritt.

- Es ist natürlich möglich, daß es im August hier kalt und regnerisch ist. Aber das ist ziemlich ungewöhnlich.
- Krebs kann durch radioaktiven Fallout verursacht werden.

- It **may** be cold and rainy here in October. You'd better take some warm clothes along. Why don't you have a bet on the horses. You **may** win.

An die Stelle von *can* kann auch *may* zum Ausdruck einer Möglichkeit treten, wenn praktische Konsequenzen aufgezeigt werden.

- Es kann sein, daß es hier im Oktober kalt und regnerisch ist. Du solltest besser ein paar warme Sachen mitnehmen.

I **could** have a really good time if only I had more money.
If Harry hurried up a little bit, he **could** finish it by tomorrow.

could kann im Hauptsatz eines *if*-Satzes zum Ausdruck einer Möglichkeit stehen.

Mir könnte es wirklich gut gehen, wenn ich nur mehr Geld hätte.
Wenn Harry sich ein kleines bißchen beeilen würde, könnte er morgen damit fertig sein.

- Jim **could have told** me about it. But I guess he simply forgot. It was a bit late last night. I **could have taken** a taxi but I went by tube.

could have + Partizip Pefekt drückt aus, daß etwas in der Vergangenheit möglich war, aber nicht geschehen ist.

- Jim hätte es mir sagen können. Aber ich nehme an, er hat es einfach vergessen.

04
↓
06 *may, might*

04 *may, might*: Erlaubnis (dürfen, können, erlaubt sein)

- You **may** take a day off if you wish.
- Adults **may not** use the playground.

may wird verwendet, um eine Erlaubnis zu erteilen oder einzuholen.

- – **May** I have some sweets?
  – No, you **may not**.

Fragen mit *may* wirken formell und höflich. Mit *may not* wird ein Verbot ausgesprochen.

You **can** go if you want.

In informellen Situationen wird *can* bevorzugt (▷ 102).

- Sie können/dürfen einen Tag freinehmen, wenn Sie möchten.
- Erwachsene dürfen den Spielplatz nicht benutzen.
- Darf ich ein paar Süßigkeiten haben?

Might I point out that you have made a slight mistake there?
I wonder if I **might** use your phone for an international phone call.

Mit *might* kann um Erlaubnis gebeten werden. Fragen mit *might* wirken sehr formell, distanziert und höflich.

Dürfte ich wohl darauf hinweisen, daß Ihnen dort ein kleiner Fehler unterlaufen ist?
Dürfte ich vielleicht Ihr Telefon für ein Auslandsgespräch benutzen?

Isn't it stupid? Jenny **isn't allowed to** go to parties. But she **is allowed to** smoke.
As a child I **wasn't allowed to** eat any sweets.
Will we **be allowed to** feed the animals, Dad?

be allowed to ist die Ersatzform von *may*. Sie muß für Vergangenheits- und Zukunftsformen verwendet werden.

105 *may, might*: Möglichkeit (etwas könnte sein, etwas ist vielleicht möglich)

- Do you think we should reserve a room in the Dalton Hotel in advance?
- No, I don't think it's necessary. They **might** be booked up of course, but that seems rather unlikely.

- Have you applied for that job?
- Of course I have. They **may** ask me for an interview.
- Don't be too optimistic. They **might** invite you – but chances are against you. You're not qualified for that kind of work.

may/might werden verwendet, um auszudrücken, daß etwas möglich ist. *may/might* sind in dieser Bedeutung austauschbar.

- Meinst du, wir sollten im voraus ein Zimmer im Dalton Hotel reservieren?
- Nein, ich glaube, das ist nicht nötig. Natürlich könnte es ausgebucht sein, aber das ist ziemlich unwahrscheinlich.
- ... Sie bitten mich vielleicht zu einem Vorstellungsgespräch.
- Sei nicht zu optimistisch. Natürlich könnten Sie dich einladen, aber alles spricht dagegen.

Im Deutschen werden *may/might* häufig mit „vielleicht" umschrieben oder durch „könnte" wiedergegeben.

- If you walked to the office instead of going by car, you **might** not be so fat.

might kann im Hauptsatz des *if*-Satzes stehen.

● – I wonder where they are.
- They **may have got lost**.
- Well, they **might have got lost** of course. But I think they are probably still in that pub and simply forgot the time.

You're so careless – driving drunk like that. You **might have killed** other people and yourself.

may/might have + Partizip Perfekt drückt aus, daß ein Zustand oder ein Ereignis in der Vergangenheit möglich war, aber nicht unbedingt eingetreten ist.

● – Ich frage mich, wo sie bleiben.
- Vielleicht haben sie sich verlaufen.
- Natürlich könnten sie sich verlaufen haben. Aber ich glaube eher, daß sie immer noch in dieser Kneipe sind und einfach die Zeit vergessen haben.

06 *may, might*: Vorschlag, Bitte (kann, könnte)

If you're doing your laundry, you **may/might** as well wash some of my clothes too.
- – Do you know where I can get those purple pills?
  – I'm not sure. But you **might** try the new drugstore.

may/might werden verwendet, um einen Vorschlag zu äußern.

May I borrow your magazine?
- **May** I use your typewriter?

Mit *may* kann eine höfliche Bitte ausgedrückt werden.

- – Weißt du, wo ich diese lila Pillen bekomme?
  – Ich bin mir nicht sicher. Aber du könntest es in der neuen Drogerie versuchen.
- Könnte ich wohl Ihre Schreibmaschine benutzen?

Can I borrow your red pullover?

can drückt eine informelle Bitte aus (▷ 101).

07 ↓ 09 *will, would*

07 *will*: Vermutung, Wahrscheinlichkeit (wird wahrscheinlich, wird wohl, dürfte)

They **will** be in São Paulo by now.

– Have you seen John this morning? He looks really tired.
- – Well, he'**ll** have been working all night for his exam.

– The phone's ringing. Who could that be at that time of the day?
- – It'**ll** be Richard. He always calls around midnight.

will drückt eine Vermutung oder Wahrscheinlichkeit aus.

- – Ja, er hat wahrscheinlich die ganze Nacht für sein Examen gelernt.
- – Das ist bestimmt Richard. Er ruft immer um Mitternacht herum an.

Im Deutschen kann *will* durch „wahrscheinlich", „bestimmt", „sicherlich", „wird wohl", „dürfte" wiedergegeben werden.

108 *will*: Bereitschaft, Absicht, Versprechen (beabsichtigen, vorhaben, werden)

- I **will** stop smoking.
- – Have you made up your mind what you'**ll** do?
  – Yes, I'**ll** turn the offer down. It's a bad deal.

  – Who's going to help me with this?
  – I **will**.

will drückt aus, daß jemand bereit oder entschlossen ist, etwas zu tun bzw. nicht zu tun.

- I **will** never do anything like that again. That's a promise.
  I'**ll** be back in a minute.

will kann zum Ausdruck eines Versprechens stehen.

- – Ich werde mit dem Rauchen aufhören.
  (Ich habe fest vor, mit dem Rauchen aufzuhören.)
- – Hast du dir schon überlegt, was du tun wirst?
  – Ja, ich habe vor, das Angebot auszuschlagen. Es ist ein schlechter Handel.
- – Ich werde so etwas nie wieder tun. Das ist ein Versprechen.

Dem englischen *will* entspricht im Deutschen „beabsichtigen“, „vorhaben“, „werden“.

109 *will, would*: Aufforderung, Bitte, Angebot, Einladung (möchten, können)

Will you help me for a moment, please?
Will you come to my party next weekend?
Will you have some more wine?

Mit *will* kann eine Bitte, eine Aufforderung, ein Angebot oder eine Einladung ausgedrückt werden.

Kannst du mir bitte einen Moment helfen?
Kommst du nächstes Wochenende zu meiner Party?
Möchtest du noch mehr Wein?

- – **Will** you stop biting your nails!
  – No, I **won't**.

Eine Aufforderung oder Bitte mit *will* kann Befehlscharakter haben. Mit *won't* kann diese Bitte oder Aufforderung zurückgewiesen werden.

- Hörst du wohl auf, deine Fingernägel zu kauen?

- **Would** you give me a hand, please?
  Would you like to come to my party next weekend?
  Would you like some more wine?

would läßt eine Bitte, Aufforderung, Einladung oder ein Angebot höflicher klingen.

- **Would** you please stop biting your nails!

would schwächt den befehlenden Charakter einer Aussage ab.

- Könntest du mir bitte einen Moment helfen?
- Würdest du bitte aufhören, deine Nägel zu kauen?

Take a seat, **will you**?
Have some more wine, **will you**?

Durch den Gebrauch von *will you?* als Frageanhängsel kann eine Aufforderung, Bitte, Einladung oder ein Angebot höflich formuliert werden (▷ 26).

Nehmen Sie doch bitte Platz.
Trink doch noch etwas Wein.

110 ↓ 112 ***shall, should, ought to***

110 ***shall*: Vorschlag, Angebot (sollen)**

Shall we go out for dinner?
Shall we meet in the canteen?
- **Shall** I pick you up in the car?
- **Shall** I post that letter for you?

shall wird in Fragesätzen verwendet, um jemandem etwas vorzuschlagen oder anzubieten.

- Soll ich dich mit dem Auto abholen?
- Soll ich den Brief für dich abschicken?

Im Deutschen steht hier „sollen“.

111 *should, ought to*: Verpflichtung, Ratschlag (sollen, müssen)

- I **should** go to school, but I don't feel like it.
- You really **ought to** take some days off.
  You **should** be more careful with what you say.
- Henry **should** have a word with his daughter. After all he's the father.

should und *ought to* sind austauschbar. Sie können zum Ausdruck einer Verpflichtung oder eines Ratschlages verwendet werden.

- Ich müßte eigentlich in die Schule gehen, aber ich habe keine Lust.
- Du solltest wirklich ein paar Tage freinehmen.
- Henry sollte wirklich mal ein Wort mit seiner Tochter reden. Er ist ja immerhin der Vater.

Dem entsprechen im Deutschen „sollte" und „müßte".

112 *should, ought to*: Vorwurf, Mißbilligung, Warnung (sollen)

- You **shouldn't** always pick on Mandy. It's not fair.
- He **oughtn't to** tease the dog like that. She could attack him.
  You **shouldn't** smoke. It's dangerous.

Verneintes *should* und *ought to* stehen zum Ausdruck eines Vorwurfs, einer Mißbilligung oder einer Warnung.

- Du solltest nicht immer auf Mandy herumhacken. Das ist nicht fair.
- Er sollte den Hund nicht immer so ärgern.

- I **should have warned** him.
  Jane **ought to have called** an hour ago. I guess she forgot about it.

should/ought to have + Partizip Perfekt entspricht im Deutschen „hätte ... sollen", „hätte ... müssen".

- Ich hätte ihn warnen müssen.

3 ***must, have to, have got to, must not***

7

6

3 *must*: Sicherheit, Bestimmtheit (müssen)

- Where's Mr Hughes?
- I think he's in his office.
- No, he's not. I've already looked there.
- Well, he **must** have gone next door then.

- They spent their holidays on Bali.
- That **must** have been wonderful.

If A is bigger than B, and B is bigger than C, then A **must** be bigger than C.

must wird gebraucht um auszudrücken, daß wir uns einer Sache ziemlich sicher sind. In einem solchen Fall haben wir meist aus einem bestimmten Zustand oder einer bestimmten Handlung die (logische) Schlußfolgerung gezogen.

If A is bigger than B, and B is bigger than C, then A **cannot** be smaller than C.
He **can't** have gone next door. The door is locked.

must kann in dieser Bedeutung nicht mit *must not* (= „nicht dürfen“) verneint werden. Es wird hier *cannot/can't* verwendet.

14 *must, have to, have got to*: Verpflichtung, Notwendigkeit (müssen)

I borrowed £ 50 from my friend last week.
I **must** pay him back today.
I've had a bad toothache for days now. I **must** go to the dentist today – I can't put it off any longer.

Mit *must* können wir eine Verpflichtung oder Notwendigkeit ausdrücken.

I **have to** go. It's almost ten.
I'**ve got to** go. It's almost ten.

have to und in der Umgangssprache auch *have got to* treten meist an die Stelle von *must*.

When I worked in the bread factory, I sometimes **had to** get up at four in the morning.

- I **had to** go to the dentist last week. And I'**ll** probably **have to** go again next month.

Zum Ausdruck der Vergangenheit und Zukunft muß anstelle von *must* die Ersatzform *have to* verwendet werden.

- Ich mußte letzte Woche zum Zahnarzt gehen.
  Und wahrscheinlich muß ich nächsten Monat noch mal hin.

Ronnie **doesn't have to** ask you for permission. He's old enough to decide on his own.

Ronnie muß dich nicht um Erlaubnis fragen. Er ist alt genug, selbst zu entscheiden.

„nicht müssen", „nicht brauchen"
= *not have to*
(*need not, needn't* ▷ 121)

115 *must not*: Verbot (nicht dürfen)

You **must not** spit on the floor.

must not = „nicht dürfen"

You **mustn't** cross the road here. It's dangerous.

You **must not** enter the street from this side. It's a one-way street.

• Sheila **was not allowed to** go to parties. • They **won't be allowed to** collect private data on everybody.	*be not allowed to* dient als Ersatzform für *must not* in der Vergangenheit und Zukunft.
– Can I smoke in here? – No, it'**s not allowed**. You'**re not allowed to** cross the road when the lights are red.	*be not allowed to* drückt in der Gegenwart ein offizielles Verbot aus.

- Sheila durfte nicht auf Parties gehen.
- Sie werden nicht über jeden persönliche Daten sammeln dürfen.

116 *must, have to, must not*: Eine Übersicht

	etwas ist notwendig		etwas ist nicht notwendig		etwas ist verboten, etwas ist nicht erlaubt	
Gegenwart	I have to I must	ich muß	I don't have to	ich muß/ brauche nicht	I mustn't I'm not allowed to	ich darf nicht, mir ist nicht erlaubt
Vergangenheit	I had to	ich mußte	I didn't have to	ich mußte/ brauchte nicht	I wasn't allowed to	ich durfte nicht, mir war nicht erlaubt
Zukunft	I'll have to	ich werde müssen	I won't have to	ich werde nicht müssen/brauchen	I won't be allowed to	ich werde nicht dürfen, mir wird nicht erlaubt sein

117 → 121 Verbkonstruktionen mit modalem Charakter — Verbal constructions with a modal character

Bejahte Form	Verneinte Form	Deutsche Entsprechung
be to	be not to	müssen, sollen
be supposed to	be not supposed to	sollen; erwarten, daß
had better	had better not	sollte ... besser/lieber/eigentlich
used to	didn't used to	früher, (ein)mal
–	need not	nicht brauchen, nicht müssen

117 *be to*: Anweisung (müssen, sollen)

The doctor says you'**re to** wait outside.
Which sign **are** we **to** follow? What does the guide say?

Mit *be to* kann eine Anweisung, die nicht vom Sprecher selbst kommt, weitergegeben werden.

Der Arzt sagt, Sie müssen draußen warten.
(Anweisung geht vom Arzt aus.)
Welchem Schild sollen wir folgen? Was steht im Reiseführer?
(Anweisung geht vom Reiseführer aus.)

118 *be supposed to*: Erwartung, Verpflichtung (sollen; erwarten, daß)

be supposed to drückt aus:

- The conference **is supposed to** take place at the university.
  You'**re supposed to** start work at 8.00, not 8.30.
- **Wasn't** Lucy **supposed to** pick up Pat from the kindergarten?
- Everyone **is supposed to** wear a seat belt during take off and landing.

– daß von einer Sache oder einer Person etwas Bestimmtes erwartet wird.

– daß etwas vereinbart ist.

– daß etwas verpflichtend ist.

- Die Konferenz soll an der Universität stattfinden.
- Sollte Lucy nicht Pat vom Kindergarten abholen?
- Jeder ist verpflichtet, sich beim Start und bei der Landung anzuschnallen.

119 *had better*: Ratschlag (sollte ... besser, sollte ... lieber)

We'**d better** hurry up. Otherwise we'll miss the bus.
Now that he has had his second heart attack, he **had better** take it easy.
You'**d better not** tell your parents about your finals.

had better/had better not wird verwendet, um einen Rat zu erteilen.

Wir sollten uns lieber beeilen. Sonst verpassen wir noch den Bus.
Jetzt, da er seinen zweiten Herzinfarkt gehabt hat, sollte er sich besser schonen.
Du solltest deinen Eltern besser nichts von deinen Abschlußprüfungen erzählen.

Im Deutschen:
„sollte ... besser“,
„sollte ... lieber“.

20 *used to*: Gewohnheit in der Vergangenheit (früher, mal)

used to beschreibt:

He's changed, hasn't he? He **used to** be very good-looking.	– einen nicht mehr bestehenden Zustand.
I **used to** drink two bottles of beer a day. But now I prefer lemonade.	– eine nicht mehr ausgeübte gewohnheitsmäßige Handlung.
Didn't he **used to** dance in ballets when he was younger?	Fragen mit *used to* werden mit *did/didn't* gebildet. Ebenso verneinte Aussagen.

Wie er sich verändert hat. Er hat mal sehr gut ausgesehen.
Früher habe ich zwei Flaschen Bier am Tag getrunken ...
Hat er nicht mal im Ballett getanzt, als er jünger war?

Im Deutschen kann *used to* mit „früher", „(ein)mal" wiedergegeben werden.

121 *need not*: Keine Verpflichtung, keine Notwendigkeit (nicht brauchen, nicht müssen)

You **needn't** pay the bill immediately, sir.
● You **needn't** yell at me. I'm not deaf.
You **needn't** worry. They'll be back on time.

● Du brauchst mich nicht so anzuschreien. Ich bin nicht taub.

need not wird verwendet, um auszudrücken, daß eine Sache oder Handlung nicht notwendig ist.

(*not have to* ▷ 114
need + *-ing*-Form ▷ 134)

122 Übersicht über Sprechabsichten und modale Hilfsverben

Summary of speech intentions and modal auxiliaries

Die nachfolgende Tabelle faßt verkürzt in Stichworten zusammen, was wir mit modalen Hilfsverben ausdrücken können. Zum Beispiel stehen die Stichworte „Aufforderung", „Einladung" verkürzt für „jemanden auffordern, etwas zu tun" und „jemanden einladen".

Angebot, Bitte

can, could (▷ 101)	You **can** have my car if you want. **Could** you do me a favour?	können
would (▷ 109)	**Would** you like some more juice?	
shall (▷ 110)	**Shall** I post the letter for you?	sollen

Aufforderung, Einladung

will (▷ 109)	**Will** you come to my party? Take a seat, **will** you?	

Vorschlag

shall (▷ 110)	**Shall** we go out for dinner?	sollen
may, might (▷ 106)	You **may/might** as well go home now.	können

Erlaubnis

can, could (▷ 102)	You **can** go now. **Can/Could** I use your phone?	können, dürfen, erlaubt sein
may, might (▷ 104)	**May** I use your phone? He asked if he **might** use my phone.	

Möglichkeit

can, could (▷ 103)	You **can** lose a lot of money on the horses. I **could** have a really good time.	können, möglich sein
may, might (▷ 105)	They **may/might** be booked up.	können, möglich sein

Vermutung, Wahrscheinlichkeit

will (▷ 107)	They'**ll** be in Spain by now.	wahrscheinlich sein

Fähigkeit

can, could (▷ 100)	I **can** speak English now. As a kid I **couldn't** speak any English.	können, in der Lage sein, fähig sein

Bereitschaft, Absicht, Versprechen

will (▷ 108)	I **will** stop smoking. I promise I'**ll** never do that again.	beabsichtigen, werden

Verpflichtung, Notwendigkeit, Anweisung, Erwartung

should, ought to (▷ 111)	You **should/ought to** pay your rent.	sollen, müssen
must, have to, *have got to* (▷ 114, 116)	I **must** pay my rent. I **have (got) to** go to the bank first. **Didn't** you **have to** ask for a loan last week?	müssen
be to (▷ 117)	The doctor says you'**re to** wait outside.	müssen, sollen
be supposed to (▷ 118)	The conference **was supposed to** start at 9.00.	sollen; erwarten, daß
need not/not have to (▷ 114, 121)	You **needn't** pay the bill immediately. You **don't have to** pay the bill immediately.	nicht brauchen, nicht müssen

Sicherheit, Bestimmtheit

must (▷ 113)	That **must** be Tower Bridge.	müssen

Verbot

must not (▷ 115)	You **must not** spit on the floor.	nicht dürfen

Vorwurf, Mißbilligung, Warnung

should, ought to (▷ 112)	You **shouldn't/oughtn't to** make fun of him.	sollen

Ratschlag

should, ought to (▷ 111) *had better* (▷ 119)	You **should/ought to** take some days off. You'**d better** hurry up or you'll miss the bus.	sollen

Gewohnheit in der Vergangenheit

used to (▷ 120)	When I was young, I **used to** dance every night.	

Kapitel 6 Infinite Konstruktionen Non-finite constructions

23 Die finite und infinite Form des Verbs Finite and non-finite forms of verbs

Die **finite** Form des Verbs zeigt an, um welche Person und Zeitform es sich handelt.

A government spokesman **claims** that the talks between the Prime Minister and the American President **were** very intensive.

Ein Regierungssprecher behauptet, die Gespräche zwischen dem Premier und dem amerikanischen Präsidenten seien sehr intensiv gewesen.

Die Form *claims* gibt an, daß es sich um die 3. Person Singular *Present Simple* handelt.
were zeigt die 3. Person Plural und die Zeitform *Past Simple* an.

Die **infinite** Form des Verbs ist unveränderbar und macht keine Angaben über Person und Zeitform.
Zu den infiniten Formen des Verbs gehören
- der Infinitiv (mit und ohne *to*),
- die *-ing*-Form,
- das Partizip Perfekt.

They want **to build** a tunnel between Cheriton, England and Frethun, France.	Infinitiv mit *to*
• In 1986 the Channel Tunnel project was **approved** by the British Parliament. They have been **planning** this project for over two centuries.	Partizip Perfekt und *-ing*-Form
• This project could **be** a serious problem for the ferry companies.	Infinitiv ohne *to*
• They're afraid of **losing** their customers and their money.	*-ing*-Form

- Der Plan für den Kanaltunnel wurde 1986 vom britischen Parlament gebilligt. Dieses Vorhaben ist seit mehr als zwei Jahrhunderten geplant.
- Das Vorhaben könnte für die Schiffahrtsgesellschaften ein ernstes Problem werden.
- Sie befürchten, daß sie ihre Kunden und ihr Geld verlieren.

124 Bildung der infiniten Verbformen

1. Der Infinitiv

Ø-Infinitiv		*to*-Infinitiv
go play	gehen spielen	to go to play

Im Englischen gibt es zwei Formen des Infinitivs: den Infinitiv ohne *to* → Ø-Infinitiv (sprich: Null-Infinitiv) und den Infinitiv mit *to* → *to*-Infinitiv.

Sam went home.
(im Wörterbuch → go)
I'm tired.
(im Wörterbuch → be)

Der Infinitiv ist die Grundform des Verbs. Wir schlagen die Grundform (den Ø-Infinitiv) nach, wenn wir ein Verb im Wörterbuch suchen.

2. Die *-ing*-Form

Infinitiv	*-ing*-Form
go play sleep laugh	going gehend playing spielend sleeping schlafend laughing lachend
come smile write	coming smiling writing
run stop refer occur travel	running stopping referring ocurring travelling
lie die	lying dying

Die *-ing*-Form setzt sich zusammen aus dem Infinitiv des Vollverbs + *-ing*.

Grundregel:

Verb + *-ing*

Stummes -*e* entfällt.

Manchmal wird der letzte Buchstabe verdoppelt (▷ *Anhang 3*, 23).

-ie wird zu *-y*.

3. Das Partizip Perfekt

Infinitiv	Partizip Perfekt
allow call listen	allowed erlaubt called gerufen listened zugehört
go sleep write	gone slept written
arrive hope invite	arrived hoped invited
stop refer occur travel	stopped referred ocurred travelled
try carry play	tried carried played

Das Partizip Perfekt setzt sich zusammen aus dem Infinitiv des Vollverbs + *-ed*.

Grundregel: Verb + *-ed*

Einige Verben bilden ein unregelmäßiges Partizip Perfekt, das heißt nicht mit *-ed* (▷ 44; *Anhang* 3, 21).

Stummes *-e* entfällt.

Manchmal wird der letzte Buchstabe verdoppelt (▷ *Anhang* 3, 23).

Steht vor *-y* ein Konsonant, wird *-y* zu *-i*.

Steht vor *-y* ein Vokal, ändert sich *-y* nicht.

***to*-Infinitiv**	Häufige deutsche Entsprechungen	
nach Verben:		
We **hoped** **to get** a cheap flight to Canada.	Wir haben gehofft, einen billigen Flug nach Kanada zu bekommen.	Infinitiv mit „zu"
I **wish** **to cancel** the order.	Ich möchte die Bestellung stornieren.	Ø-Infinitiv
He **told** me **to call** him tonight.	Er hat mir gesagt, ich soll ihn heute abend anrufen.	„sollen"
He **wants** Mrs Brown **to go** down to the shops.	Er will, daß Frau Brown ein-kaufen geht.	Nebensatz mit Konjunktion
nach Adjektiven:		
It's not **easy** **to understand** politicians.	Es ist nicht leicht, Politiker zu verstehen.	Infinitiv mit „zu"
nach Fragewörtern:		
I don't know **what** **to do**.	Ich weiß nicht, was ich tun soll.	„sollen"
zum Ausdruck von Zweck, Absicht:		
Some people do sports **to stay** healthy.	Manche Leute treiben Sport, um gesund zu bleiben.	Infinitiv mit „um ... zu"

Ø-Infinitiv	Häufige deutsche Entsprechungen	
nach modalen Hilfsverben:		
You **can** **solve** this problem.	Du kannst dieses Problem lösen.	Ø-Infinitiv

Ø-Infinitiv	Häufige deutsche Entsprechungen	
nach Verben der Wahrnehmung:		
I **watched** two men **come out** of the bank.	Ich habe beobachtet, wie zwei Männer aus der Bank kamen.	Nebensatz mit Konjunktion
nach *have* und *make:*		
The police **had** the witness **repeat** the story.	Die Polizei ließ den Zeugen die Geschichte noch einmal erzählen.	„jemanden veranlassen, etwas zu tun“
The clown really **made** us **laugh**.	Der Clown hat uns wirklich zum Lachen gebracht.	„jemanden dazu bringen, etwas zu tun“

***-ing*-Form**	Häufige deutsche Entsprechungen	
nach Verben:		
Janice couldn't **help being** nervous.	Janice konnte nichts daran ändern, daß sie nervös war.	Nebensatz mit Konjunktion
She **avoided looking out** of the window.	Sie vermied es, aus dem Fenster zu sehen.	Infinitiv mit „zu“
Our neighbours **saw** two people **leaving** the house after midnight.	Unsere Nachbarn haben gesehen, wie zwei Leute nach Mitternacht das Haus verließen.	Nebensatz mit Konjunktion
nach *need* und *want:*		
The car **needs/wants washing**.	Das Auto muß gewaschen werden.	„muß ... werden“
nach Präpositionen:		
They were excited **about going** to Africa.	Sie freuten sich darüber, nach Afrika zu fahren.	Infinitiv mit „zu“

-ing-Form	Häufige deutsche Entsprechungen	
nach *it* und *how about/ what about:*		
It's no use waiting for them.	Es ist zwecklos, auf sie zu warten.	Infinitiv mit „zu"
How about having lunch?	Was hältst du davon, Mittag zu essen?	
in Partizipialkonstruktionen:		
The people **living** next door complained about the bad food.	Die Leute, die nebenan wohnen, haben sich über das schlechte Essen beklagt.	Nebensatz mit Relativpronomen

Partizip Perfekt	Häufige deutsche Entsprechungen	
nach Verben:		
After some hours in the snow they **came** home **frozen** stiff.	Nach einigen Stunden im Schnee kamen sie steif gefroren zurück.	Partizip Perfekt
nach *get* und *have:*		
Sue **got** her hair **cut** yesterday.	Sue hat gestern ihre Haare schneiden lassen.	„veranlassen, daß etwas getan wird"
We'**re having** our flat **decorated** next week.	Wir lassen nächste Woche unsere Wohnung renovieren.	„veranlassen, daß etwas getan wird"
in Partizipialkonstruktionen mit Konjunktionen:		
Although planned for the evening programme, the football match will not be transmitted.	Obwohl das Fußballspiel für das Abendprogramm vorgesehen war, wird es nicht übertragen.	Konjunktion mit Nebensatz

126 → 132 Der Infinitiv — The infinitive

126 → 131 *to*-Infinitiv — *to*-infinitive

126 *to*-Infinitiv nach Verben — *to*-infinitive after verbs

We **hoped to get** a cheap flight to Canada. But everything was already booked up. So we**'ve decided to fly** to Portugal instead.

Dear Sir or Madam,
With reference to your letter of 5 July we would like to inform you that we **wish to cancel** the order for 50 pyjamas as the quality is rather poor. As you do not **seem to be willing** to reduce the price …

Wir haben gehofft, einen billigen Flug nach Kanada zu bekommen. Aber alles war schon ausgebucht. Deshalb haben wir uns entschlossen, statt dessen nach Portugal zu fliegen.

Sehr geehrte Damen und Herren,
hiermit beziehe ich mich auf Ihr Schreiben vom 5. Juli und möchte Ihnen mitteilen, daß ich die Bestellung der 50 Schlafanzüge stornieren möchte, da die Qualität doch recht schlecht ist. Da Sie den Preis anscheinend nicht heruntersetzen wollen …

Folgt einem Verbteil ein weiteres Verb, dann kann dieses als *to*-Infinitiv angeschlossen werden.

ask, decide, hope, promise, seem, want, wish	+	*to*-Infinitiv

(weitere Verben ▷ 140)

Dem *to*-Infinitiv entspricht hier im Deutschen:
- ein Infinitiv mit „zu“
- ein Ø-Infinitiv

He decided **not to tell** anybody.
Aunt Mary promised **not to be** unfriendly.

Er beschloß, es niemandem zu sagen.
Tante Mary versprach, nicht unfreundlich zu sein.

Beim verneinten *to*-Infinitiv tritt *not* vor *to*.

127 *to*-Infinitiv nach Verben und Objekt — *to*-infinitive after verbs and objects

Tony, **remind me to give** Jack a call tonight, will you?
I **asked Jack to get** me some software for my new computer. And he **told me to call** him tonight because he'll be out of the country for a couple of weeks.

He wants to go down to the shops.
He **wants Mrs Brown to go down** to the shops.

He **wants her to go down** to the shops.

Tony, erinnere mich daran, Jack heute abend anzurufen, ja?

Ich habe Jack gebeten, mir Software für meinen neuen Computer zu besorgen. Und er hat gesagt, ich soll ihn heute abend anrufen, weil er für einige Wochen außer Landes sein wird.
Er will einkaufen gehen.
Er will, daß Frau Brown einkaufen geht.

Er will, daß sie einkaufen geht.

Einige Verben treten häufig mit Objekt und *to*-Infinitiv auf.

Verb + Objekt + *to*-Infinitiv

Zu diesen Verben gehören:

ask, force, remind, tell, want

(weitere Verben ▷ 140)

Pronomen → Objekt im englischen Satz

Im Deutschen: Infinitiv mit „zu"

tell + Objekt + *to*-Infinitiv
→ „sollen"

want + Objekt + *to*-Infinitiv
→ Nebensatz mit „daß"

Pronomen → Subjekt im deutschen Nebensatz.

128 *to*-Infinitiv nach Nominalteil — *to*-infinitive after nominal groups

The **best thing to do** is to wait and see what happens.

- At parties, Milly is always **the first to come** and **the last to go**.

- Auf Parties ist Milly immer die erste, die kommt und die letzte, die geht.

Nach Superlativen und Ordnungszahlen steht der *to*-Infinitiv.

Im Deutschen: Nebensatz mit Relativpronomen

129 *to*-Infinitiv nach Adjektiven *to*-infinitive after adjectives

- It's not **easy** **to understand** men.
  It's even **more difficult** **to understand** politicians.
  I'm not **surprised** **to hear** that.

Häufig ist die Konstruktion
it's + Adjektiv + *to*-Infinitiv

- Es ist nicht leicht, Männer zu verstehen.

130 *to*-Infinitiv nach Fragewörtern *to*-infinitive after question words

I don't know **what** **to do**.
The management couldn't decide **who** **to choose** for that dangerous job.
If only I could find out **where** **to go**.
Can you tell me **how** **to make** money?

Verb	+	Fragewort	+	*to*-Infinitiv
ask, consider, decide, explain, find out, know, show, tell, wonder		*what, who, when, where, whether, how*		

Ich weiß nicht, was ich tun soll.
Die Geschäftsleitung konnte sich nicht entscheiden, wen sie für den gefährlichen Job auswählen sollte.
Wenn ich nur wüßte, wo ich hingehen soll.
Kannst du mir sagen, wie man Geld macht?

Im Deutschen: Häufig ein Nebensatz mit „sollen".

131 *to*-Infinitiv zum Ausdruck eines Zwecks, einer Absicht — *to*-infinitive expressing purpose

Many people start drinking **to forget** their problems.
Members of the EEC met **to discuss** economic problems.
Some people do sports **to stay** healthy.

Der *to*-Infinitiv kann einen Zweck oder eine Absicht ausdrücken.

Viele Leute fangen an zu trinken, um ihre Probleme zu vergessen.
Die Mitglieder der EG trafen sich, um wirtschaftliche Probleme zu besprechen.
Manche Leute treiben Sport, um gesund zu bleiben.

Im Deutschen:
Nebensatz mit „um ... zu“

132 Ø-Infinitiv — Infinitive without *to*

1. Ø-Infinitiv nach modalen Hilfsverben

You **mustn't give up** so fast.
I'm sure you **can solve** this problem.

Du darfst nicht so schnell aufgeben. Ich bin sicher, du kannst dieses Problem lösen.

modales Hilfsverb	+	Ø-Infinitiv
can/could, may/might, must, shall/should, will/would		

2. Ø-Infinitiv nach *have* und *make*

The police **had the witness repeat** the story over and over again.
The lorry company **has its drivers check** the lights and tyres regularly.

The clown really **made us laugh**.

have + Objekt + Ø-Infinitiv

→ „jemanden veranlassen, etwas zu tun“, „etwas veranlassen“

make + Objekt + Ø-Infinitiv

→ „jemanden dazu bringen, etwas zu tun“

Die Polizei ließ den Zeugen die Geschichte immer wieder von vorne wiederholen.
Die LKW-Firma läßt ihre Fahrer regelmäßig Licht und Reifen überprüfen.

Der Clown hat uns wirklich zum Lachen gebracht.

33 → 36 Die *-ing*-Form   The *-ing* form

Bei Verbformen, die auf *-ing* enden, werden zwei Gruppen unterschieden:
1. die *-ing*-Form als Partizip Präsens und 2. die *-ing*-Form als Gerundium.

The girl watched the blind man **crossing** the road.
Das Mädchen sah zu, wie der Blinde die Straße überquerte.

Crossing the road is dangerous.
Das Überqueren der Straße ist gefährlich.

Hat die *-ing*-Form die Eigenschaft eines Verbs oder Adjektivs, wird sie Partizip Präsens genannt.

Hat sie die Eigenschaft eines Nomens, wird sie Gerundium genannt.

Eine eindeutige Zuordnung der *-ing*-Formen zu den beiden Gruppen ist nicht immer möglich und für den Gebrauch der Formen nicht unbedingt notwendig. Deshalb wird im nachfolgenden lediglich von der *-ing*-Form gesprochen.

33 Die *-ing*-Form nach Verben   *-ing* form after verbs

- Janice **couldn't help** **being** nervous. This was her first flight.
- She **avoided** **looking out** of the window. She **considered** **getting off** again.
  She **doesn't enjoy** **flying** very much.

avoid, can't help, consider, enjoy, imagine, mind, suggest, understand + *-ing*

(weitere Verben ▷ 140)

- Janice konnte nichts daran ändern, daß sie nervös war. Das war ihr erster Flug.
- Sie vermied es, aus dem Fenster zu sehen und überlegte, ob sie wieder aussteigen sollte.

Im Deutschen:
Nebensatz mit Konjunktion oder Infinitiv mit „zu"

- I can't **imagine** **the company** **paying** for all these drinks.
- You don't **mind** **me** **playing** the piano, do you?

  (You don't **mind** **my** **playing** the piano, do you?)

Zwischen Verb und *-ing*-Form kann ein Nomen oder ein Pronomen treten, meist ein Personalpronomen in der Objektform.
my statt *me* → formell

- Ich kann mir nicht vorstellen, daß die Firma für all die Getränke zahlt.
- Du hast doch nichts dagegen, daß ich Klavier spiele, oder?

Im Deutschen:
Nebensatz mit „daß"

134 Die *-ing*-Form nach *need* und *want*

Her hair needs/wants **cutting**.
The car needs/wants **washing**.

Ihr Haar muß geschnitten werden.
Das Auto muß gewaschen werden.

Die *-ing*-Form nach *need* und *want* ist vergleichbar mit einem deutschen Passivsatz.
need und *want* sind austauschbar.

Im Deutschen:
„muß … werden“

135 Die *-ing*-Form nach Präpositionen   *-ing* form after prepositions

We'**re looking forward to** **seeing** you again.
The **advantage of** **booking** your holiday well in advance should be clear to everybody.
They were so **excited about** **going** to Africa.
Harry wanted to give them a lift to the airport but they **insisted on** **taking** a taxi.

Nach Verben, Nomen oder Adjektiven, denen eine Präposition folgt, steht die *-ing*-Form.

Hierzu gehören:

Verben	
believe in	glauben an
insist on	bestehen auf
look forward to	sich freuen auf
talk about	reden über
worry about	sich Sorgen machen über
Nomen	
advantage of	der Vorteil, …
place for	der Ort, um …
reason for	der Grund, …
Adjektive	
afraid of	Angst (haben) vor
excited about	freudig erregt über
interested in	interessiert an
proud of	stolz auf

Wir freuen uns darauf, Sie wiederzusehen.
Es sollte jedem klar sein, daß es von Vorteil ist, eine Reise rechtzeitig zu buchen.
Sie freuten sich so darüber, nach Afrika zu fahren.
Harry wollte sie zum Flughafen fahren, aber sie bestanden darauf, mit dem Taxi zu fahren.

Im Deutschen steht hier häufig ein Infinitiv mit „zu“ oder ein Nebensatz mit „daß“.

36 Die *-ing*-Form nach Wendungen mit *it* und *how about/what about*

- **It's no use** **waiting** for them. The plane has been delayed.
- Oh, I see. Well James, **how about** **having** lunch in the meantime?

- **It's no fun** **standing** around here in the rain.
- **What about** **going** to the pub then?

Nach *how about/what about* und nach einigen Wendungen mit *it* steht die *-ing*-Form.

Dazu gehören:

it's (no) fun	=	es macht (keinen) Spaß
it's no good / *it's no use*	=	es hat keinen Zweck
it's (not) worth	=	es lohnt sich (nicht)

- Es ist zwecklos, auf sie zu warten. Das Flugzeug hat Verspätung.
- Ach so. Also, James, wie wär's, wenn wir in der Zwischenzeit zu Mittag essen.
- Es macht keinen Spaß, hier im Regen herumzustehen.
- Wir wär's damit, in die Kneipe zu gehen?

Im Deutschen werden solche Wendungen häufig durch einen Nebensatz oder Infinitiv mit „zu" wiedergegeben.

137
↓
139

-ing-Form oder Infinitiv? *-ing* form or infinitive?

Nach einigen Adjektiven und einigen Verben kann entweder die *-ing*-Form oder der Infinitiv stehen.

137

Ohne Bedeutungsunterschied Without a shift in meaning

Paul **hates** **getting/to get up** early every morning.
He **loves** **sleeping/to sleep** long at the weekend.

The cook **started** **preparing/to prepare** the main dish.
He **began** **cutting/to cut** the onions.
He **preferred** **doing/to do** the unpleasant job first.

● The firm **continued** **making/to make** their Black Forest cuckoo-clocks although sales were very bad.

● Die Firma produzierte weiterhin ihre Schwarzwälder Kuckucksuhren, obwohl der Absatz sehr schlecht war.

Nach einigen Verben kann entweder die *-ing*-Form oder der *to*-Infinitiv stehen. Die Bedeutung der Aussage ist die gleiche.

Zu diesen Verben gehören:

love, like, hate, prefer, begin, start, continue + *-ing*-Form / *to*-Infinitiv

● – I'**d love** **to sail** around the world.
– Really? I'**d prefer** **to go** by plane.
I always get seasick.

● – Ich würde unheimlich gern um die Welt segeln.

In Verbindung mit *would* ist bei einigen dieser Verben nur der *to*-Infinitiv möglich:

would + *love / like / hate / prefer* + *to*-Infinitiv

138
↓
139

Mit Bedeutungsunterschied With a shift in meaning

Bei einer Reihe von Verben ist es nicht gleichgültig, ob die *-ing*-Form oder der Infinitiv folgt. Die Aussage erhält jeweils eine andere Perspektive.

138

Verben der Wahrnehmung

see, watch, notice, hear, listen to + Ø-Infinitiv

see, watch, notice, hear, listen to + *-ing*-Form

(weitere Verben ▷ 140)

Folgt den Verben der Wahrnehmung der Ø-Infinitiv, rückt der gesamte Ablauf einer Handlung – von Anfang bis Ende – in den Vordergrund.

Folgt den Verben der Wahrnehmung die *-ing*-Form, wird herausgestellt, daß die Handlung gerade im Moment abläuft. Nicht die gesamte Handlung, sondern nur ein Ausschnitt oder Teil davon rückt in den Vordergrund.

Jimmy stood and **watched** his mother **hang** the washing **up**.
(Jimmy hat seiner Mutter von Anfang bis Ende beim Wäscheaufhängen zugeschaut.)

When Sarah cycled past the house, she **saw** Jimmy's mother **hanging** the washing **up**.
(Als Sarah mit dem Fahrrad am Haus vorbeigefahren ist, hat sie gesehen, wie Jimmys Mutter gerade die Wäsche aufhängte. Sie hat nicht Anfang und Ende der Handlung mitbekommen, sondern nur einen Teil davon.)

Around midnight I **heard** **someone** **open** the front door, **enter** the hall, **go** upstairs and **leave** the house by the back door. My parents only **heard** **steps** **passing** their bedroom and thought it was me. Our neighbours **saw** **two people** **leaving** the house after midnight.

Ungefähr um Mitternacht hörte ich jemanden die Haustür öffnen ...
Meine Eltern haben nur gehört, daß Schritte an ihrem Schlafzimmer vorbeigingen ...
Unser Nachbarn haben gesehen, wie zwei Leute nach Mitternacht das Haus verließen.

Zwischen den Verben der Wahrnehmung und der infiniten Konstruktion steht ein Objekt:

Verb + Objekt + < *-ing*-Form / Ø-Infinitiv

Entsprechungen im Deutschen:
- Ø-Infinitiv
- Nebensatz mit „daß“ oder „wie“

139 *remember, forget, stop, go on, try*

Bei diesen Verben erhält die Aussage durch die Verwendung des *to*-Infinitivs oder der *-ing*-Form eine jeweils andere Bedeutung (weitere Verben ▷ 140).

Remember to call Jill tonight, will you?

I still **remember calling** you that evening and **asking** for a date.

remember + *to*-Infinitiv
→ „daran denken, etwas zu tun"

remember + *-ing*-Form
→ „sich daran erinnern, daß etwas geschehen ist"

Denk dran, Jill heute abend anzurufen, ja?
Ich erinnere mich noch, wie ich dich an dem Abend angerufen habe und mich mit dir verabreden wollte.

You **mustn't forget to tell** Jack that the meeting has been cancelled.

I'**ll** never **forget meeting** you for the first time.

(not) forget + *to*-Infinitiv
→ „(nicht) vergessen, etwas zu tun"

(not) forget + *-ing*-Form
→ „(nicht) vergessen, daß etwas geschehen ist"

Du darfst nicht vergessen, Jack zu sagen, daß die Besprechung abgesagt ist.
Ich werde nie vergessen, wie ich dich das erste Mal getroffen habe.

The mechanic was repairing the machine. After two hours he **stopped to light** a cigarette.

I promise I'**ll stop drinking**. But I **can't stop smoking** at the same time.

stop + *to*-Infinitiv
→ „mit einer Sache aufhören, um etwas anderes zu tun"

stop + *-ing*-Form
→ „etwas beenden"

Der Mechaniker war dabei, die Maschine zu reparieren. Nach 2 Stunden hörte er auf, um sich eine Zigarette anzuzünden.
Ich verspreche, ich höre auf zu trinken. Aber ich kann nicht auch noch aufhören zu rauchen.

After they had discussed the report, they **went on** **to talk** about the sales figures.

go on + *to*-Infinitiv
→ „mit etwas anderem weitermachen“/„eine andere Sache als nächstes tun“

Bob was writing a letter when his mother came in.
He looked up and then **went on** **writing** .

go on + *-ing*-Form
→ „die gleiche Sache weitermachen“

Nachdem sie den Bericht diskutiert hatten, sprachen sie als nächstes über die Verkaufszahlen.
Bob schrieb gerade einen Brief, als seine Mutter hereinkam.
Er sah auf und schrieb dann weiter.

– I **tried** **to get** this laundry clean. But just look at it! Still dirty.

try + *to*-Infinitiv
→ „sich bemühen, etwas zu tun“

– Why don't you **try** **soaking** it in Atomic detergent?

try + *-ing*-Form
→ „etwas ausprobieren“

– Ich habe mich bemüht, die Wäsche sauber zu bekommen. Aber jetzt sieh dir das an! Immer noch schmutzig.
– Warum probierst du nicht mal, sie in Atomic-Waschpulver einzuweichen?

140 Übersicht über Verben, denen eine infinite Form eines Verbs folgt

List of verbs followed by a non-finite construction

***to*-Infinitiv**	***to*-Infinitiv oder *-ing*-Form**	***-ing*-Form**	***-ing*-Form oder Ø-Infinitiv**	**Ø-Infinitiv**
afford	allow	admit	feel	can, could
agree	begin	appreciate	hear	may, might
appear	continue	avoid	listen to	must
arrange	forget	be afraid of	notice	shall, should
ask	go on	be excited about	observe	will, would
beg	hate	be interested in	see	have
choose	like	be proud of	watch	make
decide	love	believe in		
expect	prefer	can't/couldn't help		
fail	regret	consider		
force	remember	delay		
happen	start	enjoy		
help	stop	excuse		
hesitate	try	finish		
hope		forgive		
invite		give up		
learn		imagine		
leave		insist on		
manage		look forward to		
offer		mention		
prepare		mind		
promise		miss		
recommend		need (in passiver Bedeutung)		
refuse		practise		
remind		put off		
seem		risk		
teach		suggest		
tell		thank		
want		understand		
warn		want (in passiver Bedeutung)		
wish		worrry about		

41 Die *-ing*-Form und das Partizip Perfekt *-ing* form and past participle

1. Die *-ing*-Form und das Partizip Perfekt als Adjektiv

When we saw our hotel room, we were really **shocked**. There were two **broken** windows, the sheets were **torn**, there was no **running** water. We were very **disappointed**. What a **frustrating** holiday!

Als wir unser Hotelzimmer sahen, waren wir wirklich schockiert. Zwei Fensterscheiben waren zerbrochen, die Bettlaken zerrissen und es gab kein fließendes Wasser. Wir waren sehr enttäuscht. Es war ein frustrierender Urlaub.

Die *-ing*-Form und das Partizip Perfekt können als Adjektiv auftreten.

2. Die *-ing*-Form und das Partizip Perfekt nach einigen Verben

- What kind of sports do you do?
- In the summer I **go** **sailing** a lot and in wintertime I **go** **skiing**.

- After 4 hours in the snow the children **came home** **shivering** with cold. They looked sad as they **sat** **waiting** for their dinner. But after the meal they **went off** **talking** happily.

- The children built a snowman today. They had a lot of fun but they **came home** **frozen** stiff.
- Gentlemen, please **remain** **seated**.

- Nach 4 Stunden im Schnee kamen die Kinder zitternd vor Kälte zurück. Sie sahen traurig aus, wie sie da saßen und auf ihr Essen warteten. Aber nach dem Essen gingen sie fröhlich schwatzend wieder hinaus.
- Die Kinder haben heute einen Schneemann gebaut. Sie haben viel Spaß gehabt, aber sie sind steif gefroren zurückgekommen.
- Meine Herren, bitte bleiben Sie sitzen.

Die *-ing*-Form und das Partizip Perfekt stehen nach Verben, die Bewegung oder Bewegungslosigkeit ausdrücken.

Dazu gehören:

arrive, come, go, leave, lie, remain, return, sit, stand, stay + *-ing*-Form / Partizip Perfekt

3. Das Partizip Perfekt nach *get* und *have*

Sue **got her hair** **cut** yesterday.
- We**'re having our flat** **decorated** next week. – Who by?
- The student service. They're quite cheap.
- Are they really? We **had ours** **done** by a painter.

Sue hat gestern ihre Haare schneiden lassen.
- Wir lassen nächste Woche unsere Wohnung renovieren. – Von wem?
- Vom Studentendienst. Der ist ganz billig.
- Wirklich? Wir haben unsere von einem Anstreicher machen lassen.

get / *have* + Objekt + Partizip Perfekt
→ „veranlassen, daß etwas getan wird"

4. Die *-ing*-Form und das Partizip Perfekt zur Verkürzung von Nebensätzen

The people **living** next door complained about the bad food in the hotel.

A camera **left** in the hotel room never turned up again.

Die Leute, die nebenan wohnen, haben sich über das schlechte Essen im Hotel beklagt.
Eine Kamera, die im Hotelzimmer liegengelassen wurde, ist nie wieder aufgetaucht.

-ing-Form und Partizip Perfekt können Nebensätze verkürzen (▷ 217).

Although **planned** for the evening programme, the football match will not be transmitted.

Some people don't pay their bill until **warned** to do so.

Obwohl das Fußballspiel für das Abendprogramm vorgesehen war, wird es nicht übertragen.
Einige Leute bezahlen ihre Rechnung nicht, bis sie angemahnt werden.

Nach folgenden Konjunktionen steht das Partizip Perfekt häufig anstelle einer Passivkonstruktion:

although, unless, until, when

Kapitel 7 Der Nominalteil The nominal group

42 Das Nomen The noun

↓ 51

42 Das Geschlecht der Nomen The gender of nouns

the pot the cup the glass	der Topf die Tasse das Glas
friend pupil teacher doctor	Freund, Freundin Schüler, Schülerin Lehrer, Lehrerin Arzt, Ärztin

Im englischen Artikel *the* drückt sich nicht das Geschlecht des Nomens aus.
Anders im Deutschen.

Viele Nomen, die sich auf Personen beziehen, bezeichnen sowohl männliche als auch weibliche Personen.

weiblich	männlich
woman doctor **female** student **woman** teacher nurse	doctor student teacher **male** nurse
waitr**ess** actr**ess** manager**ess** steward**ess**	waiter actor manager steward
woman wife girl	man husband boy

Manche Nomen können zur Verdeutlichung des Geschlechts besonders gekennzeichnet werden.

Einige Nomen haben für die weibliche und männliche Bezeichnung ein eigenständiges Wort.

the woman the man the child	→ she → he → he, she, it	Um uns auf Personen zu beziehen, verwenden wir *he* oder *she*; bei *child, baby* und so weiter auch *it*, wenn das Geschlecht unbekannt ist.
the shirt the flower the dog	→ it → it → it	Auf Dinge und Tiere beziehen wir uns mit *it*.
That's my dog. Isn't **she** a beauty?		Ist das Geschlecht des Tieres bekannt, verwenden wir *he* oder *she*.

143 → 149 Singular und Plural der Nomen — Singular and plural of nouns

143 Pluralbildung — The plural of nouns

Singular	Plural	
	+ s	Für die Pluralbildung gilt die **Grundregel:** Nomen + *s*
girl window teacher day disco radio	girl**s** window**s** teacher**s** day**s** disco**s** radio**s**	Aussprache: – nach stimmhaften Konsonanten und nach Vokalen: [z]
hat cup chief	hat**s** cup**s** chief**s**	– nach stimmlosen Konsonanten: [s]
	+ es	Endet ein Nomen auf Zischlaut, wird *-es* angefügt. Aussprache: [ɪz]
chur**ch** wi**sh** bri**dge** hou**se** bo**x**	church**es** wish**es** bridg**es** hous**es** box**es**	Stummes *-e* entfällt.
qui**z**	quiz**zes**	

Singular	Plural
	+ ies
fer**ry** par**ty** ci**ty**	ferr**ies** part**ies** cit**ies**
tomat**o** potat**o** her**o**	tomato**es** potato**es** hero**es**
kni**fe** hal**f** li**fe** wi**fe**	kni**ves** hal**ves** li**ves** wi**ves**
roo**f** belie**f**	roof**s** belief**s**
fish sheep aircraft series	fish sheep aircraft series

Singular: Konsonant + *y* — Plural: Konsonant + *ies*

Einige Nomen, die auf *-o* enden, erhalten im Plural *-es*.

-f und *-fe* werden zu *-ves*
Aussprache: [vz]

Einige Nomen, die auf *-f* enden, bilden eine regelmäßige Pluralform.

Eine Reihe von Nomen haben im Singular und im Plural die gleiche Form.

144 Unregelmäßige Pluralformen — Irregular plurals

Einige Nomen bilden eine unregelmäßige Pluralform.

Singular	Plural	Singular	Plural
f**oo**t t**oo**th g**oo**se	f**ee**t t**ee**th g**ee**se	mouse	mice
m**a**n wom**a**n	m**e**n wom**e**n	analys**is** bas**is** cris**is**	analys**es** bas**es** cris**es**
child	children	criterion phenomenon	criteria phenomena

145 Zählbare und nichtzählbare Nomen — Countable and non-countable nouns

boy egg house train	one boy, two boys, three boys ... one egg, two eggs, three eggs ... one house, two houses, three houses ... one train, two trains, three trains ...
weather, knowledge, fun, health	

Zählbare Nomen haben eine Pluralform.

Nichtzählbare Nomen haben keine Pluralform.

nichtzählbar	zählbar
flour	**a kilo of** flour
water	**a bottle of** water, **three bottles of** water
butter	**half a pound of** butter, **two pounds of** butter
information	**a piece of** information
furniture	**a piece of** furniture

Manchen nichtzählbaren Nomen kann eine Mengenangabe mit *of* vorausgehen.
Dabei können die Mengenangaben in der Pluralform stehen.

146 Nomen mit Pluralform

What do you need all those **clothes** for?
Give Jill my best **regards**.
Watch it! Don't fall down the **stairs**.
Many **thanks** for your help.

Einige Nomen treten nur im Plural auf.

Wofür brauchst du all diese Kleider?
Bestell Jill viele Grüße.
Paß auf! Fall nicht die Treppe runter.
Vielen Dank für eure Hilfe.

Abweichender Gebrauch im Deutschen

The **news** is on at 8.00.
Physics is a very difficult subject.

Nomen im Plural – Verbform im Singular

Die Nachrichten kommen um acht.
Physik ist ein schwieriges Fach.

47 Paarwörter

These **trousers** are really quite cheap.
Where are my **jeans**, Mum?
You look really good with those new **glasses**.
Where have you put the **scissors**?

Für Dinge, die aus zwei gleichen Teilen bestehen, benutzen wir den Begriff „Paarwörter". Paarwörter treten stets im Plural auf. Das dazugehörige Verb und die Begleitwörter stehen ebenfalls im Plural.

Diese Hose ist wirklich ziemlich billig.
Wo ist meine Jeans, Mutti?
Du siehst wirklich gut aus mit dieser neuen Brille.
Wo hast du die Schere hingetan?

Im Deutschen dagegen Singular

48 Nomen mit Singularform

Much **progress** has been made in gene technology.
Information on the reactor accident was rather poor.
My **hair** is too long. I need a haircut.

Einige Nomen treten nur im Singular auf. Das dazugehörige Verb steht ebenfalls im Singular.

In der Gentechnologie sind viele Fortschritte gemacht worden.
Die Informationen über den Reaktorunfall waren ziemlich dürftig.
Meine Haare sind zu lang. Ich muß sie schneiden lassen.

Die deutschen Entsprechungen stehen meistens im Plural.

49 Sammelbegriffe   Collective nouns

Bei Nomen, die eine Gruppenzugehörigkeit ausdrücken, kann das Verb im Singular oder Plural stehen.

Today the average **family** in Germany **has** one child.
The Scottish football **team was** third.

Wird die Gruppe als eine Einheit betrachtet, dann steht das Verb im Singular.

My **family are coming** to visit us next weekend.
(= jedes Mitglied der Familie)
Dundee United are playing badly this season.
(= jeder einzelne Spieler des Vereins)

Wenn an die einzelnen Mitglieder der Gruppe gedacht wird, steht das Verb im Plural.

class, club, company, government, group, management

Weitere Sammelbegriffe

The **police were discussing** their tactics for the demonstration.

Nach *police* steht das Verb immer im Plural.

150 Der *'s*-Genitiv The *'s* genitive

1. Form

my brother**'s** coat Mr Brown**'s** house	der Mantel meines Bruders/ der Mantel von meinem Bruder Herrn Browns Haus/ das Haus von Herrn Brown
Charles**'s** wife the boss**'s** office	die Frau von Charles das Büro des Chefs
my parents' car my friends' favourite café	das Auto meiner Eltern/ das Auto von meinen Eltern das Lieblingscafé meiner Freunde/ das Lieblingscafé von meinen Freunden
the children**'s** toys Women**'s** Lib	das Spielzeug der Kinder/ das Spielzeug von den Kindern (Bezeichnung für die Frauenbewegung)

Grundregel:
Bei Nomen im Singular wird *'s* angehängt.

Bei Nomen, deren Pluralform auf *-s* endet, wird lediglich ein Apostroph angehängt.

Bei Nomen, deren Pluralform nicht auf *-s* endet, wird *'s* angehängt.

2. Gebrauch

Der *'s*-Genitiv wird bei Personen und Tieren verwendet zum Ausdruck von:

This is Brian**'s** new car. Cathy**'s** sister sold all her furniture last week. There are people who study the apes' language.	– Besitz – Zugehörigkeit
People**'s** naivity is sometimes unbelievable.	– Merkmalen und Eigenschaften

Mavis and Dennis went **to Sheila's** for tea. Jim has just gone **to the hairdresser's**. I hate waiting for hours **at the doctor's**.	Der *'s*-Genitiv steht außerdem bei: – Ortsangaben; er bezieht sich dann auf Berufsgruppen oder Personen.
Last week's wages were all right. **Next year's** election might give us a surprise. I haven't read **today's** newspaper yet.	– Zeitangaben
E & T's profits have been very good this year. The **car's** engine has done more than 100,000 miles. The **world's** climate will change.	Der *'s*-Genitiv kann auch stehen bei: – Namen von Institutionen und Firmen – Maschinen und Fahrzeugen – abstrakten Begriffen

51 ***of*** **anstelle des *'s*-Genitivs**

I'd like **two pounds of** cherries. **A quarter of** the price would still be too expensive for this old house. The **beginning of the new year** is celebrated in most countries. Certain **parts of the book** have to be rewritten.	*of* steht anstelle des *'s*-Genitivs: – bei Mengenangaben – wenn es sich nicht um Lebewesen handelt.

152 → 158 **Der Artikel** **The article**

152 **Form**

bestimmter Artikel	unbestimmter Artikel
the = der, die, das	**a/an** = ein, eine
the **b**ook the **s**hop [ðə] the **p**icture	a **b**ook a **s**hop [ə] a **p**icture
the **e**gg the **a**dvantage [ðɪ] the **o**wner	an **e**gg an **a**dvantage [ən] an **o**wner
the university [ðə ju:nɪˈvɜ:sətɪ] the hour [ðɪ aʊə]	a university [ə ju:nɪˈvɜ:sətɪ] an hour [ən aʊr]

Grundregel:
Beginnt das Folgewort mit einem Konsonanten, so wird der bestimmte Artikel [ðə] ausgesprochen. Der unbestimmte Artikel ist vor einem Konsonanten *a* [ə].

Beginnt das Folgewort mit einem Vokal *(a, e, i, o, u)*, so wird der bestimmte Artikel [ðɪ] ausgesprochen. Der unbestimmte Artikel ist vor einem Vokal *an* [ən].

Entscheidend für die Aussprache von *the* bzw. für den Gebrauch von *a/an* ist, wie der Anfang des nachfolgenden Wortes ausgesprochen wird.

153 **Allgemeiner Gebrauch des bestimmten Artikels** **General use of the definite article**

Yesterday I bought **the** book I was telling you about the other day.
(= das Buch, von dem ich dir erzählt habe)
– How was your trip to Bristol?
– Okay. **The** hotel was quite good...
(= das Hotel, in dem wir waren)
Shut **the** door, will you? (= die Tür, die gerade offen ist)

the weist auf bestimmte Personen, Sachen oder Begriffe hin, die vom Sprecher als bekannt vorausgesetzt oder die näher beschrieben werden.

154 Geographische Bezeichnungen

Im Englischen steht der bestimmte Artikel bei:

Beispiel	Regel	
The United States is a big country. I couldn't see **the Alps** from the airplane.	– Ländernamen im Plural – geographischen Begriffen im Plural	+ *the*
From the train I could see **the Mississippi**. **The Indian Ocean** is to the east of Africa.	– Namen von Flüssen und Meeren	
The Odeon is near the main station.	– Namen von Hotels, Theatern, Kinos, Museen, Galerien usw.	
The Tower of London is very famous.	– Fügungen mit *of*	

Nicht jedoch bei:

Beispiel	Regel	
England is part of Great Britain. We visited **Denver**.	– den meisten Ländernamen im Singular – den meisten Städtenamen	ohne *the*

Im Englischen steht der bestimmte Artikel nicht bei:

Beispiel	Regel	
Some people have climbed **Mount Everest**. We went windsurfing on **Lake Tahoe**.	– Namen von Bergen und Seen	ohne *the*
They live in **Oxford Street**. Where's **Hyde Park**?	– Namen von Straßen und Parks	
Buckingham Palace, Heathrow Airport, Trafalgar Square	– Namen von Gebäuden, Plätzen usw.	

155 Eigennamen

Beispiel	Regel	
The Millers emigrated to Canada.	Eigennamen im Plural	+ *the*
Have you seen **Tom**? **Aunt Mary** has already left.	Eigennamen im Singular Verwandschaftsbezeichnungen	ohne *the*

156 Verallgemeinernde Aussagen

Wind can be transformed into electricity.
People have never learned from history.

In verallgemeinernden Aussagen steht das Nomen meist ohne Artikel.

- **Life** is too short.
- **Death** comes too fast.

Das Nomen ist dabei häufig ein abstrakter Begriff.

- Das Leben ist zu kurz.
- Der Tod kommt zu schnell.

Bei abstrakten Begriffen steht dagegen im Deutschen der bestimmte Artikel.

157 Gebrauch des unbestimmten Artikels — Use of the indefinite article

Wir verwenden den unbestimmten Artikel, um über einzelne unbestimmte Personen, Sachen, Begriffe zu reden.

Shirley bought **a** book for him. (= irgendein Buch)
We looked for **a** hotel in Bristol. (= irgendein Hotel)
Why don't you call **a** taxi? (= irgendein Taxi)

a/an steht nur bei zählbaren Nomen im Singular.

Der unbestimmte Artikel steht bei Begriffen, die eine Zugehörigkeit zu einer Gruppe bezeichnen, zum Beispiel:

She's **an electrician** and her husband's **a student**.
My uncle is **a Catholic**.
Our president is **a Socialist**.

- Beruf
- Religion
- Partei

Sie ist Elektrikerin und ihr Mann Student.
Mein Onkel ist Katholik.
Unser Präsident ist Sozialist.

Kein unbestimmter Artikel im Deutschen

That's 60 p **a** bottle.
To rent the car costs you about £ 15 **a** day plus 6 p **a** mile.
I go shopping at least once **a** week.

a/an steht vor Mengen-, Maß- und Zeitangaben.

Das kostet 60 p die Flasche.
Das Auto zu mieten kostet Sie ungefähr 15 Pfund pro Tag plus 6 p pro Meile.
Ich gehe wenigstens einmal die Woche einkaufen.

Anders im Deutschen

I'll be there in about **half an** hour.
- That's **quite a** lot of money.
  And it's **such a** bad deal.
- **What a** beautiful colour!

half, quite, such, what + a/an

- Das ist eine ganze Menge Geld.
- Was für eine schöne Farbe!

As a dessert I'd like some fruit.

as + a/an

Als Nachtisch möchte ich etwas Obst.

Im Deutschen kein Artikel

158 Redewendungen mit dem unbestimmten Artikel

be in a good/a bad mood	guter/schlechter Laune sein
make a noise	Lärm machen
take a seat	Platz nehmen
be in a hurry	es eilig haben
have a headache	Kopfschmerzen haben
as a rule	in der Regel
in a friendly way	auf freundliche Art und Weise
for a change	zur Abwechslung

Im Englischen gibt es eine Reihe von Redewendungen, in denen im Gegensatz zum Deutschen der unbestimmte Artikel steht.

159 ↓ 164 **Personalpronomen** **Personal pronouns**

159 **Form**

Singular			
Subjektfall		Objektfall	
I	ich	me	mir mich
you	du/Sie	you	dir/Ihnen dich/Sie
he she it	er sie er, sie, es	him her it	ihm ihn ihr sie ihm, ihr ihn, sie, es

Plural			
Subjektfall		Objektfall	
we	wir	us	uns uns
you	ihr/Sie	you	euch/Ihnen euch/Sie
they	sie	them	ihnen sie

160 **Gebrauch**

Die Personalpronomen treten auf:

We must go home now.
She has got a headache.
Do **you** feel better today?

– als Subjekt

- Tell **them** to be on time.
- We're only waiting for **him**.

– Where's Barbara?
– Father's taken **her** to the doctor's.

– als Objekt

- Sag ihnen, sie sollen pünktlich sein.
- Wir warten nur noch auf ihn.

61 *she, her, they, them* = „sie“

Subjektfall	Objektfall
– Have you seen Ruth? – Yes, **she**’s in the cafeteria.	I saw **her** there ten minutes ago.
– Where are the children? – **They**’ve gone swimming.	Mr Brown took **them** to the pool.

– Hast du Ruth gesehen? – Ja, sie ist in der Cafeteria.	Ich habe sie dort vor 10 Minuten gesehen.
– Wo sind die Kinder? – Sie sind schwimmen gegangen.	Herr Brown hat sie zum Schwimmbad gefahren.

Die englischen Entsprechungen des deutschen „sie“:

(Subjekt)	(Objekt)
she	*her*
they	*them*

62 *you* = „Sie“

Could **you** pass me the salt, please?
Could **you** all move a little bit to the right?

Könnten Sie mir bitte das Salz reichen?
Könnten Sie alle bitte etwas nach rechts gehen?

Die englische Entsprechung der deutschen Höflichkeitsform „Sie“ ist *you*. Wie das deutsche „Sie“ bezieht *you* sich auf eine oder mehrere Personen.

63 *it*

Subjektfall	Objektfall
I took the car to the garage today. **It** needs a check-up.	I can pick **it** up tomorrow.
Slim’s new flat is in the centre of town. **It**’s next to the Canadian embassy.	I think you pass **it** on your way to work.

Ich habe den Wagen heute in die Werkstatt gebracht. Er muß zur Inspektion.	Ich kann ihn morgen abholen.
Slims neue Wohnung ist in der Stadtmitte. Sie ist neben der kanadischen Botschaft.	Ich glaube, du fährst auf dem Weg zur Arbeit an ihr vorbei.

it bezieht sich auf Gegenstände im Singular:

(Subjekt)	(Objekt)
„er“	„ihm“/„ihn“
„sie“	„ihr“/„sie“
„es“	„ihm“/„es“

- Who is it?
- **It's me**, Linda.
- Are you sure you saw Daniel last night?
- Yes, I'm positive **it was him**. He was walking right in front of me.

Wer ist da? – Ich bin's, Linda.
- Bist du sicher, daß du gestern abend Daniel gesehen hast?
- Ja, ich bin sicher, daß er es war. Er ist genau vor mir hergegangen.

Nach *it's/it was* werden die Objektformen *me, her/him, them* gebraucht.

164 Unpersönliches *you, they, one*

- **You** shouldn't take life so seriously.
  You simply can't rely on Bruce. He never keeps his promises.

you kann auch unpersönlich gebraucht werden und entspricht dem deutschen „man".

- **They** said in the weather forecast it would be sunny and warm tomorrow.

they kann unpersönlich gebraucht werden (▷ 91).

- **One** shouldn't believe in other people's lies.

one tritt im formellen Sprachgebrauch an die Stelle von *you*.

- Man sollte das Leben nicht so ernst nehmen.
- In der Wettervorhersage wurde gesagt, daß es morgen sonnig und warm wird.
- Man sollte den Lügen anderer nicht glauben.

65 ↓ 68 Possessivbegleiter und Possessivpronomen — Possessive determiners and possessive pronouns

Die Possessivbegleiter und Possessivpronomen werden wie im Deutschen verwendet.
Sie drücken ein Besitzverhältnis oder eine Zugehörigkeit aus.

65 Form

Possessivbegleiter			
Singular		**Plural**	
my	mein	our	unser
your	dein/Ihr	your	euer/Ihr
his her its	sein ihr sein, ihr	their	ihr

Possessivpronomen			
Singular		**Plural**	
mine	meins	ours	unsers
yours	deins/Ihrs	yours	eures/Ihres
his hers	seins ihrs	theirs	ihres

66 Gebrauch der Possessivbegleiter — Use of the possessive determiners

This is **my brother** John. – Hi, nice to meet you.
Was that Bob on the phone? – No, it was **his father**.
The cat won't eat **its food**.

Possessivbegleiter treten immer zusammen mit einem Nomen auf.

- Whose scarf is this? Lauren's? –Yeah, I think it's **her** scarf.
- The small town of Cheddar is famous for **its** cheese.
- Can you help Carol and John with **their** luggage?

her — *its* — *their* → „ihr"

- ... Ja, ich glaube, es ist ihr Schal.
- Die kleine Stadt Cheddar ist berühmt für ihren Käse.
- Kannst du Carol und John mit ihrem Gepäck helfen?

Is this **your** new car?

your → „dein"/„Ihr" — „euer"/„Ihr"

Ist das dein neues Auto? / ... Ihr neues Auto? / ... euer neues Auto?

Why don't you take off **your coat**?
Last week Frank fell down the stairs and broke **his arm**.

In Verbindung mit Kleidungsstücken und Körperteilen muß im Englischen ein Possessivbegleiter stehen.

Zieh doch den Mantel aus.
Frank ist letzte Woche die Treppe runtergefallen und hat sich den Arm gebrochen.

Im Deutschen kann hier auch der bestimmte Artikel stehen.

167 Possessivbegleiter und *own*

Can't you use **your own toothbrush** for a change?

I've got **my own flat** now.

own tritt immer zusammen mit einem Possessivbegleiter auf.

Possessivbegleiter + *own* **vor** Nomen

Kannst du nicht mal zur Abwechslung deine eigene Zahnbürste benutzen?
Ich habe jetzt eine eigene Wohnung.

Im Deutschen kann hier auch der unbestimmte Artikel stehen.

You've got a **toothbrush of your own**. Why don't you use it?

I've got a **flat of my own**.

Possessivbegleiter + *own* können mit einer *of*-Fügung auch nach dem Nomen stehen.

168 Gebrauch der Possessivpronomen — Use of the possessive pronouns

- – Is this your pullover or is it Pauline's?
  – It's **hers**. (= It's her pullover.)

  – Can I take Peter's car?
  – No, but you can take **mine**. (= You can take my car.)

Possessivpronomen stehen anstelle von Possessivbegleiter + Nomen. Sie beziehen sich auf vorausgegangene Nomen und vermeiden deren Wiederholung.

- – Ist das dein Pullover oder gehört er Pauline? – Das ist ihrer.

Sue is a good friend **of mine.**
Sue ist eine gute Freundin von mir.

Possessivpronomen können mit einer *of*-Fügung auftreten.

69 Reflexivpronomen   Reflexive pronouns

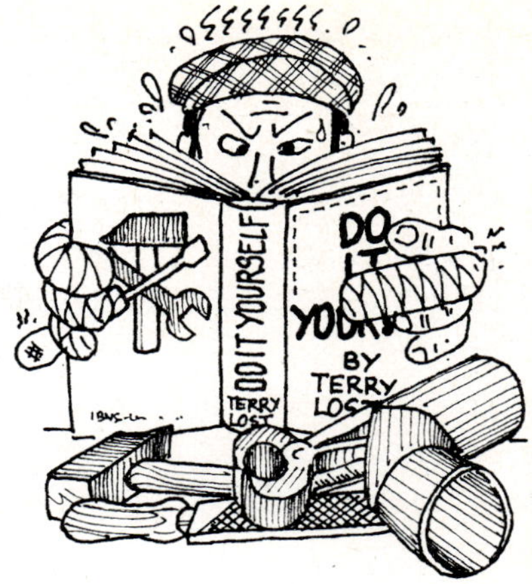

1. Form

Singular		Plural	
myself	ich/mich (selbst)	ourselves	wir/uns (selbst)
yourself	du/dich/Sie (selbst)	yourselves	ihr/euch/Sie (selbst)
himself	er/sich (selbst)	themselves	sie/sich (selbst)
herself	sie/sich (selbst)		
itself	es/sich (selbst)		

2. Gebrauch

Reflexivpronomen können auftreten:

The dancers were watching **themselves** in a mirror.

Judy really only thinks of **herself**.

Die Tänzer betrachteten sich im Spiegel.
Judy denkt wirklich nur an sich.

– als notwendige Ergänzung. Sie beziehen sich auf das Subjekt des Satzes und können nicht weggelassen werden. Der Satz wäre sonst unverständlich.

Jason **himself** thought his idea was great.
Did you talk to Sylvia **herself** or was Fred on the phone?

Jason selbst fand seine Idee toll.
Hast du mit Sylvia selbst gesprochen, oder war Fred am Telefon?

– als nichtnotwendige Ergänzung. Sie dienen zur Verstärkung.

They **wondered** what to do and **sat down** to discuss the situation.

Sie fragten sich, was sie tun sollten und setzten sich, um die Lage zu besprechen.

Manche deutsche Verben werden reflexiv gebraucht, die englischen Entsprechungen dagegen nicht. (Verben, die im Englischen nicht mit Reflexivpronomen auftreten, ▷ 35)

Demonstrativbegleiter und Demonstrativpronomen

Demonstrative determiners and demonstrative pronouns

1. Form

Singular	Plural
this that	these those

2. Gebrauch

Look at **this** demonstrator (here)!

Grundregel:

Mit *this/these* wird eine gewisse Nähe zu einer Person, Sache oder Situation ausgedrückt.

Look at **that** demonstrator (over there)!

Grundregel:

Mit *that/those* wird eine gewisse Distanz zu einer Person, Sache oder Situation ausgedrückt.

– Who's **this/that**?
– **That**'s Cheryll./**This** is Cheryll.

Da die Entscheidung, ob etwas „nahe" oder „entfernt" ist, häufig im Ermessen des Sprechers liegt, variiert der Gebrauch von *this/that* in manchen Situationen.

● – Which ring do you like more? **This** one **or that** one?
– I like them both.

● – Welchen Ring findest du besser? Diesen oder den?

this... or that... benutzen wir, um eine Alternative oder eine Wahlmöglichkeit zu benennen.

This is what I'll do. I'll take a lawyer and I'll sue the company for damages.

this kommt häufig in Aussagen vor, die sich auf die Gegenwart oder Zukunft beziehen.

– You know what I did? I sued the company for damages. And I won!
– **That** was a really clever thing to do.

that kommt häufig in Aussagen vor, die sich auf die Vergangenheit beziehen.

Und folgendes werde ich tun: Ich nehme mir einen Anwalt und verklage die Firma auf Schadenersatz.
– Weißt du, was ich gemacht habe? Ich habe die Firma auf Schadenersatz verklagt. Und ich habe gewonnen.
– Das war wirklich ein kluger Schachzug.

That would be	lovely/very nice. very useful.	Das wäre schön/nett. Das wäre sehr hilfreich.
That's	a good idea. all right. right. great/fantastic.	Das ist eine gute Idee. Ist schon gut./Macht nichts. Stimmt./Richtig. Das ist toll/fantastisch.

Einige Redewendungen mit *that*, die häufig vorkommen.

(Zum Gebrauch von *this* und *that* als Verstärker ▷ 204)

what

● **What** the hell are you doing there?
What are you hiding behind your back?

● Was zum Teufel machst du da?

Mit *what* fragen wir nach Handlungen oder Dingen.

what? = „was?"

What's his name?
What's your new boss like?
What about inviting him?

Wie heißt er?
Wie ist dein neuer Chef?
Wie wär's, wenn wir ihn einladen?

Manche mit *what* eingeleitete Fragen werden im Deutschen mit „wie" wiedergegeben.

who

Who was on the phone?
Who do you love? Her or me?
Who did you talk to?

Wer war am Telefon?
Wen liebst du? Sie oder mich?
Mit wem hast du gesprochen?

Mit *who* fragen wir nach Personen.

who? = „wer?" (Subjekt)
„wen?"/„wem?" (Objekt)

whom

Whom did you interview?
Whom shall I give these documents?

Wen hast du interviewt?
Wem soll ich diese Dokumente geben?

whom tritt im formellen Sprachgebrauch anstelle von *who* als Objekt auf.

whom? = „wen?"/„wem?"

whose

Whose glass is this?
Whose car is this? It is blocking the entrance.

Wessen Glas ist das?
Wem gehört das Auto? Es blockiert die Einfahrt.

Mit *whose* fragen wir nach einer Zugehörigkeit, einem Besitzverhältnis.

whose? = „wessen?“
„wem ... gehört?“

which

- **Which** job do you think is more interesting? Working in a factory or driving a taxi?
- **Which** actor do you like best? Humphrey Bogart, James Dean or Marlon Brando?

Mit *which* fragen wir nach Dingen oder Personen.

which + Nomen = „welch ... ?“
„was für ... ?“

Which of the jobs do you prefer?

Nach *which* kann auch eine *of*-Fügung stehen.

- Welche Arbeit, glaubst du, ist interessanter?
- Welchen Schauspieler magst du am liebsten?

where, when, why, how

Where did the accident happen?
Where are you going tonight?

Mit *where* fragen wir nach dem Ort oder der Richtung.

where? = „wo?“/„wohin?“

When did the accident happen?

Mit *when* fragen wir nach der Zeit.

when? = „wann?“

Why are you so nervous?
Why can't you trust people just for once?

Mit *why* fragen wir nach dem Grund oder Zweck.

why? = „warum?“

How do you put these parts together?
How are you today?

Mit *how* fragen wir nach der Art und Weise.

how? = „wie?“

(Fragewörter in Fragesätzen ▷ 22)

172 Relativpronomen Relative pronouns

who, whom, whose, which

– Do you know the man **who**'s standing in the corner?
– Do you mean the man **whose** coat looks rather torn?
Well, that's the one **who(m)** we use as our informer in the drug scene.
He lives in the house **whose** windows are broken.

– Kennst du den Mann, der da in der Ecke steht?
– Meinst du den Mann, dessen Mantel ziemlich zerrissen aussieht?
Ja, das ist derjenige, den wir als Informanten in der Drogenszene einsetzen.
Er lebt in dem Haus, dessen Fensterscheiben zerbrochen sind.

who, whom, whose beziehen sich auf Personen. (Unterscheidung von *who* und *whom* ▷ 211)
whose bezieht sich manchmal auch auf Sachen.

These are the pictures **which** he gave us yesterday.

which bezieht sich auf Sachen.

who, whom	→ Personen
whose	→ Personen, (Sachen)
which	→ Sachen
that	→ Personen, Sachen

that anstelle von *which* oder *who*

These are the pictures **that** he gave us yesterday.

that kann anstelle von *which* stehen (in notwendigen Relativsätzen ▷ 211, 213).

The man **who** was standing in the corner is our informer.
The man **that** was standing in the corner is our informer.

that kann im informellen Sprachgebrauch auch anstelle von *who* stehen.

● The British bet on anything **that** moves.

Nach *everything, anything* und *all* steht *that*.

● Die Briten wetten auf alles, was sich bewegt.

Im Deutschen: „was"

(Relativpronomen im komplexen Satz ▷ 211)

73 ↓ 83 **Indefinite Begleiter und Pronomen**
Indefinite determiners and pronouns

73 *all*

All children like ice-cream.
● **All the** United players were running towards the goal.

● Alle Spieler (= alle zehn Feldspieler) von United rannten auf das Tor zu.

all + Nomen im Plural = nicht weiter definierte Gesamtmenge

all the + Nomen im Plural = klar begrenzte Menge

All of them were near the penalty area.

Alle (von ihnen) waren in der Nähe des Strafraums.

Tritt *all* vor Personalpronomen auf, muß *of* eingeschoben werden.

I've spent **all day** doing nothing.
Ich habe den ganzen Tag mit Nichtstun verbracht.

all + Nomen im Singular = „ganz“

74 *every*

– Do all children like ice-cream?
– **Every** child I know does.
● I went to the job centre **every** day to look for a job.

● Ich bin jeden Tag zur Arbeitsvermittlung gegangen, um Arbeit zu bekommen.

every + Nomen im Singular = „jeder“, „jede“, „jedes“

I do sports **every two** days.
● I tried to phone him **every five** minutes but I couldn't get through.

● Ich habe alle 5 Minuten versucht, ihn anzurufen, aber ich konnte nicht durchkommen.

every + Zahlwort = „alle“

Everybody/Everyone has his/her secret.
Is **everything** all right?

Jede/r hat ihr/sein Geheimnis.
Ist alles in Ordnung?

Anstelle von *every* + Nomen im Singular treten auch Zusammensetzungen mit *every* auf:

everyone, everybody, everything

Sie stehen allein, das heißt ohne Nomen.

Everyone of them was near the penalty area.

Jeder von ihnen war in der Nähe des Strafraums.

Tritt *everyone* vor Personalpronomen auf, muß *of* eingefügt werden.

175 *each*

There were hundreds of people on **each** side of the barrier.

each + Nomen im Singular = „jeder", „jede", „jedes"

Each time I meet Alex he asks me out for lunch.
Every time I meet Alex he asks me out for lunch.

each und *every* sind häufig austauschbar.

- **Each of them** was near the penalty area.

- Jeder von ihnen war in der Nähe des Strafraums.

Tritt *each* vor Personalpronomen auf, muß *of* eingefügt werden.

- We **each** wanted a ticket.
- We've **each** bought a ticket.

each vor Vollverb

- We wanted a ticket **each**.
- We've bought a ticket **each**.

each am Satzende

- Wir wollten jede/r eine Eintrittskarte.
- Wir haben jede/r eine Eintrittskarte gekauft.

76 Übersicht: *all, every, each* Summary: *all, every, each*

all / **all the** + Nomen im Plural	All children like ice-cream. All the players were running towards the goal.	„alle“
every + two, three, four ...	I do sports every two days.	
every / **each** + Nomen im Singular	Every time I meet Alex he asks me out for lunch. Each time I meet Alex he asks me out for lunch.	„jeder“ „jede“ „jedes“
all + Nomen im Singular	I've spent all day doing nothing.	„ganz“

77 *some, any*

some und *any*

Have you got **any idea** what time Lucy will be back?
Some passengers were questioned at the passport control.
The police were looking for **witnesses**. But they couldn't find **any**.

some und *any* treten auf als

- Begleitwörter, die bei einem Nomen stehen.
- Pronomen. Sie beziehen sich dann auf ein vorher erwähntes Nomen.

- There's **some soup** left. You can have **some** if you want.
- Thanks, but I don't want **any** right now.

They have **some posters** over there. Let's have a look at them.

- Do you need **any meat**? I'm going to the butcher's.
- Yes, it would be nice if you could bring me **some pork**.
- Sure, how much?

Grundregel:

some und *any* beziehen sich auf eine unbestimmte Menge oder Anzahl:

some/any + nichtzählbares Nomen / Nomen im Plural

Vor unbestimmten Mengenangaben sind *some* und *any* fast immer unverzichtbar.

- Es ist noch (etwas) Suppe übrig. Du kannst etwas haben, wenn du willst.
- Danke, aber im Moment möchte ich keine.

Die haben da drüben (einige) Poster. Komm, wir gucken uns die mal an.

- Brauchst du Fleisch? Ich gehe zum Metzger.
- Ja, es wäre nett, wenn du mir etwas Schweinefleisch mitbringen könntest.
- Sicher, wieviel?

Dagegen ist es im Deutschen nicht immer notwendig, bei einer unbestimmten Mengenangabe das Begleitwort „etwas“/„einige“ vor das Nomen zu setzen.

some oder *any*?

I've been on night shift. I need **some** sleep now.
– Have they given **any** details of the hijacking?
– **No**, they have**n't** given **any** news so far.

Grundregel:

some in bejahten Aussagesätzen	
any in	Fragesätzen
	verneinten Aussagesätzen

– Won't you have **some** more tea?
– Yes, please.
– Could you buy me **some** eggs when you go shopping?
– Sure.

some tritt in Fragesätzen auf, besonders wenn sie eine Aufforderung, Bitte, ein Angebot oder einen Vorschlag beinhalten.

We go fishing a lot. But we **never** catch **any** fish. I guess there are **hardly any** left in the river.

Jack has repaired our car **without any** help. And it's running!

any steht nach Wörtern mit negativer Bedeutung:

never = „nie"
hardly = „kaum"
without = „ohne"

178 *someone, somebody, something, anyone, anybody, anything*

Die Regeln zum Gebrauch von *some* und *any* (▷ 177) gelten auch für die zusammengesetzten Formen.

– Have you asked **anybody/anyone** where the tourist information office is?
– Yes, **someone/somebody** told me that it was near the city centre.

anyone/anybody, *someone/somebody* = „(irgend) jemand"

– Be careful. **Something** must be wrong in there. Can you see **anything** through the window?
– Yes, someone is lying on the floor. We'd better call the police.

something, *anything* = „(irgend)etwas"

Anyone/Anybody can do that.

anyone/anybody treten in bejahten Sätzen in der Bedeutung „jeder" auf.

Anything can happen.

anything tritt in bejahten Sätzen in der Bedeutung „alles (mögliche)" auf.

79 *either, neither, both*

Beispiele	Erklärung
– When do you want me to come? Saturday or Sunday? – I don't care. **Either day** is all right. I'm off at the weekend.	*either* + Nomen im Singular = „jeder", „der eine oder der andere"
– Do you want rice or potatoes with your steak? – **Either** will do. **Either of them** is all right.	*either* kann auch allein auftreten. Es bezieht sich dann auf vorher erwähnte Nomen. Tritt *either* vor Personalpronomen auf, muß *of* eingeschoben werden.

- Wann soll ich kommen? Samstag oder Sonntag?
- Ist egal. Jeder Tag (= der eine oder andere) ist mir recht.
  Ich habe am Wochenende frei.
- Möchtest du Reis oder Kartoffeln zu deinem Steak?
- Eins von beiden (= das eine oder das andere).

Beispiele	Erklärung
• **Neither team** was able to score a goal.	*neither* + Nomen im Singular = „keiner (von ...)"
– Which car do you want? The small one or the big one? – **Neither** is any good. **Neither of them.**	*neither* kann auch allein auftreten. Es bezieht sich dann auf vorher erwähnte Nomen. Tritt *neither* vor Personalpronomen auf, muß *of* eingeschoben werden.

• Keine der beiden Mannschaften brachte ein Tor zustande.

Beispiele	Erklärung
Both parents are responsible for the education of their children.	*both* + Nomen im Plural = „beide"
Both are responsible. **Both of them** are responsible.	*both* kann auch allein auftreten. Es bezieht sich dann auf vorher erwähnte Nomen. Tritt *both* vor Personalpronomen auf, muß *of* eingeschoben werden.

180 *no, none, nobody, no one, nothing*

No entrance.
No parking.
No smoking.

no + Nomen = „kein"

– in festen Wendungen

There is no reason for crying.
There are no black people living in this area.

– mit *there is/there are*

I have **no time** to talk to you now.
We've got **no money** left.

– mit den Wörtern *time, money*

By the time we arrived at the ticket counter there were**n't any** tickets left.
Not a place in the world is safe today.

not any / *not a* = „kein"

Bis wir zum Schalter kamen, waren keine Karten mehr übrig.
Kein Platz auf der Welt ist heute mehr sicher.

None of the workers want to do this job.

none of + Nomen im Plural / Pronomen = „keiner (von ...)"

None of us knows how to work the machine.

Nach *none of* kann das Verb sowohl in der Singularform als auch in der Pluralform stehen.

Keiner der Arbeiter will diese Arbeit machen.
Keiner von uns weiß, wie man mit der Maschine umgeht.

– How many **letters** have you typed today?
– **None.**

none kann allein auftreten.
Es bezieht sich dann auf vorhergehende Nomen.

I rang the door bell several times but **nobody/no one** opened.

nobody/no one = „niemand", „keiner"

There's **nothing** you can do about it.

nothing = „nichts"

81 *much, many, a lot of, little, a little, few, a few*

Übersicht

much little a little	viel wenig etwas, ein bißchen	nicht-zählbar
a lot of	viel	

many few a few	viele wenige einige, ein paar	zählbar
a lot of	viele	

much milk
a lot of milk

little milk

many cows
a lot of cows

few cows

Gebrauch von *a lot of*

A lot of people went to the concert.
A lot of money was spent on the tickets.

a lot of wird in bejahten Sätzen bevorzugt. Es steht vor zählbaren und vor nichtzählbaren Nomen.

Gebrauch von *much* und *many*

– I don't know **much** about politics.
– So what? **Many** politicians don't either.

– Ich weiß nicht viel über Politik.
– Na, und? Viele Politiker verstehen auch nichts davon.

much und *many* werden in verneinten Aussagesätzen bevorzugt.

– **How many** students have registered for the English class?
– Plenty. I think about 50.
– Well, that's **too many**. I didn't think **so many** would be interested.

Nach *how, too* und *so* müssen *much* oder *many* stehen.

Gebrauch von *few/a few* und *little/a little*

Few women are in top positions. **A few** women have managed to get into top positions.	*few* = „wenige" *a few* = „einige", „ein paar"
There is **little** time left to finish the job. But with a **little** help from my friends I think I could do it.	*little* = „wenig" *a little* = „ein bißchen", „etwas"

Not many women are in top positions.
There is **not much** time left to get the job done.

not many und *not much* treten anstelle des formellen *few* und *little* auf.

182 Ersatzwort *one/ones* Prop word *one/ones*

I'm looking for a **computer.**
I want **one** with good graphics.
The **ones** I've seen were quite expensive.

Mit *one* (Singular) und *ones* (Plural) vermeiden wir die Wiederholung eines bereits genannten, zählbaren Nomens.

Which one would you buy?
I like **this one** better than **that one**.

In Verbindung mit *which, this/these* und *that/those* treten *one/ones* häufig auf.

I want a **cheap one**.
I think the **expensive ones** are better though.

one/ones muß nach Adjektiven stehen, wenn das Nomen nicht wiederholt werden soll.

Ich möchte einen billigen.
Ich glaube, daß die teuren aber besser sind.

The children love to wash **each other/one another**.
(Sie waschen sich gegenseitig.)

The children are big enough to wash **themselves**.
(Sie sind groß genug, um sich allein zu waschen.)

each other/one another drücken eine wechselseitige Beziehung aus.

(Zum Gebrauch des Reflexivpronomens ▷ 35, 169)

Kapitel 8 Das Adjektiv The adjective

184 ↓ 186 Gebrauch und Stellung der Adjektive Use and position of adjectives

> The **old** man was **hungry** and **thirsty**. He had walked miles in the **hot** and **burning** sun. He was wearing a **silver** scarf, a **long black** coat and **big white** boots. He looked **tired**. But there was a **determined** expression on his face. He kicked the door **open**…

Adjektive werden verwendet, um anzugeben, **wie** jemand oder etwas ist.

184 Attributiver Gebrauch des Adjektivs Attributive use of the adjective

Das Adjektiv kann ein Nomen oder eine Nominalgruppe näher beschreiben.
Steht das Adjektiv direkt vor dem Nomen, dann sprechen wir vom attributiven Gebrauch des Adjektivs oder vom attributiven Adjektiv.

> The **new** boss of our department doesn't like us. Every day he complains about our **bad** work and he never has a **friendly** word. But we're sure we'll soon teach him **good** manners.
>
> Dr Frank N. Stein was the **only** doctor in town. His **main** interests were in science.

Zur Stellung der attributiven Adjektive gilt die **Grundregel:**

Adjektiv **vor** Nomen

Zu den Adjektiven, die nur attributiv gebraucht werden, gehören:

only, main

185 Prädikativer Gebrauch des Adjektivs Predicative use of the adjective

Steht das Adjektiv nicht direkt vor einem Nomen, dann sprechen wir vom prädikativen Gebrauch des Adjektivs oder vom prädikativen Adjektiv.

> The boss is **young** and not very **friendly** to the employees.
>
> This weather is **great**. The streets are **icy** and **slippery**.
>
> The traffic is **chaotic**. And nobody gets **annoyed** if you are **late** for school or work.

Zur Stellung der prädikativen Adjektive gilt die **Grundregel**:

Adjektiv **nach** Verb

Beschreibt das Adjektiv den Subjektteil, dann steht es nach dem Verb.

I **felt** **hungry** and the name of the pizza place **sounded** **interesting**. The pizza **looked** **delicious** and **smelled** **good**. But it **tasted** **awful**. Afterwards I **was** **sick** all night.

Verben, denen ein Adjektiv folgt:

be, become, feel („sich fühlen"), *get, look* („aussehen"), *seem, smell, sound, stay, taste*

(Kopulaverben ▷ 36)

He pulled his belt **tight**. He kicked the door **open**.

His behaviour made the people **angry**.

He pulled his belt tight. → Then his belt was tight.
He kicked the door open. → Then the door was open.

Beschreibt das Adjektiv den Objektteil, dann steht es nach dem Objekt.

Das Adjektiv drückt dann häufig das Ergebnis des Vorgangs aus, der durch das Verb beschrieben wird.

We've got new neighbours. They seem **arrogant**. The way they talk about foreigners makes me **angry**.

Das prädikative Adjektiv kann auch ein Pronomen näher beschreiben.

Most people in that house were **asleep**. Only the old man was **awake** and **alone** in his apartment.
I'm **ashamed** of you!
Jim was coughing all night. He seems quite **ill**.
You're looking very **well**.

Zu den Adjektiven, die nur prädikativ gebraucht werden, gehören:

afraid, alike, alive, alone, ashamed, asleep, awake, ill („krank"), *well* („gesund")

186 Das Adjektiv als Nomen — The adjective as a noun

The poor always get poorer and **the rich** richer.
● Unfortunately, a lot of companies don't employ **the handicapped**.

● Viele Firmen beschäftigen leider keine Behinderten.

Einige Adjektive können durch Voranstellen des Artikels *the* als Nomen verwendet werden.
the + Adjektiv bezeichnet immer eine ganze Gruppe von Leuten, nicht einzelne Personen.

187 → 188

Steigerung von Adjektiven — Comparison of adjectives

187 Steigerungsformen — Comparative and superlative

Kurze Adjektive

Grundform	Komparativ	Superlativ
fast cheap tall young	fast**er** cheap**er** tall**er** young**er**	fast**est** cheap**est** tall**est** young**est**
late nice	lat**er** nic**er**	lat**est** nic**est**
simple	simpl**er**	simpl**est**
narrow clever	narrow**er** clever**er**	narrow**est** clever**est**
easy happy	eas**ier** happ**ier**	eas**iest** happ**iest**
big fat thin	bi**gger** fa**tter** thi**nner**	bi**ggest** fa**ttest** thi**nnest**

Kurze Adjektive sind einsilbige Adjektive und zweisilbige Adjektive, die auf *-er, -le, -ow, -y* enden.

Grundregel:

Kurze Adjektive + *-er/-est*

Stummes *-e* entfällt.

-y wird zu *-i*.

Kurzer Vokal + Konsonant am Wortende → Verdoppelung des Konsonanten (▷ *Anhang* 3, 23).

Längere Adjektive

Grundform	Komparativ	Superlativ
expensive	**more** expensive	**most** expensive
useful	**more** useful	**most** useful
beautiful	**more** beautiful	**most** beautiful
exact	**more** exact	**most** exact
careful	**more** careful	**most** careful
famous	**more** famous	**most** famous

Längere Adjektive sind zweisilbige Adjektive, die nicht auf *-er, -le, -ow, -y* enden, sowie alle drei- und mehrsilbigen Adjektive.

Grundregel:
more/most + längere Adjektive

Besonderheiten

Grundform	Komparativ	Superlativ
clever	clever**er** **more** clever	clever**est** **most** clever
polite	polit**er** **more** polite	polit**est** **most** polite
simple	simpl**er** **more** simple	simpl**est** **most** simple
quiet	quiet**er** **more** quiet	quiet**est** **most** quiet

Einige zweisilbige Adjektive können mit *-er/-est* oder mit *more/most* gesteigert werden.

Unregelmäßige Steigerungsformen

Grundform	Komparativ	Superlativ
good	better	best
bad	worse	worst
far	further	furthest
little (klein)	smaller	smallest
little (wenig)	less	least

Einige Adjektive haben besondere Steigerungsformen.

188 Gebrauch der Steigerungsformen Use of comparative and superlative

Komparativ und Superlativ werden benutzt, um Vergleiche anzustellen.

Der Komparativ

Which one is **bigger**? The elephant or the hippopotamus?

- Which animal is **smaller than** the hippopotamus but **bigger than** the snail?

- Welches Tier ist kleiner als das Nilpferd, aber größer als die Schnecke?

Nach dem Komparativ steht *than*.

James is **older than** Mike but **younger than** Dad.
Dad is **younger than** Grandpa.

Der Superlativ

The elephant is **the biggest** and the snail is **the smallest** of the four animals.

Vor dem Superlativ steht meistens *the*.

Who's **the oldest** and who's **the youngest** of the four?

Tom is getting **fatter and fatter**.
His behaviour is becoming **more and more impossible**.

Werden zwei Komparative durch *and* miteinander verbunden, dann wird eine allmähliche Änderung ausgedrückt.

Tom wird immer dicker.
Sein Verhalten wird immer unmöglicher.

The older Grandpa gets, **the crazier** he looks.
The more complicated the grammar gets, **the less interested** I am in it.

the ... the entspricht dem deutschen „je ... desto".

Je älter Großvater wird, desto verrückter sieht er aus.
Je komplizierter die Grammatik wird, desto weniger interessiert sie mich.

- She's **as** good a guitarist **as** Jimi Hendrix.
- If she's really **as** good **as** that, I must go to her next concert.

as ... as entspricht dem deutschen „so ... wie".

- Sie ist auf der Gitarre so gut wie Jimi Hendrix.
- Wenn sie wirklich so gut ist, muß ich ihr nächstes Konzert besuchen.

- A bicycle is **not as** expensive **as** a moped and it's **less** noisy **than** a moped.
- Yeah, but a bicycle is **not as** fast **as** a moped.
- So what?

not as ... as entspricht dem deutschen „nicht so ... wie"

less ... (than) = „weniger ... (als)"

- Ein Fahrrad ist nicht so teuer wie ein Moped und macht weniger Lärm.
- Ja, aber ein Fahrrad ist nicht so schnell wie ein Moped.
- Na und?

Kapitel 9 Das Adverb The adverb

189 Adverb oder Adjektiv? Adverb or adjective?

Das Adjektiv bezieht sich auf Nomen oder Pronomen.

Janis has a **beautiful** voice.

And she is also a **good** actress.

Janis is **beautiful**.

Her acting is **good**.

She makes the people **happy**.

Before the performance started she felt **excited**.

The situation made her **nervous.**

Das Adverb bezieht sich auf Verben, Adjektive, Adverbien oder ganze Sätze.

Janis sang **beautifully**.	Verb ← **Adverb**
She also acted her part **well**.	
Before they started she was **terribly** nervous.	**Adverb** → Adjektiv
That happened **quite** regularly.	**Adverb** → Adverb
Fortunately, her nervousness disappeared.	**Adverb** → Satz

Adjektiv	Adverb
Her acting is **good**. Ihre schauspielerische Leistung ist gut.	She acts her part **well**. Sie spielt Ihre Rolle gut.
The situation was **terrible**. Die Situation war schrecklich.	She was **terribly** nervous. Sie war schrecklich nervös.

Im Englischen unterscheiden sich Adjektiv und Adverb häufig durch die Form.
Im Deutschen dagegen haben Adjektiv und Adverb fast immer die gleiche Form.

90 Gebrauch der Adverbien Use of adverbs

Wir benutzen Adverbien*

1.	um zu sagen, **wie** etwas passiert. (▷ 203)	*fast, slowly, well, badly, suddenly, carefully*	Adverbien der Art und Weise
2.	um zu sagen, **wann/wo** etwas passiert. (▷ 199, 200)	*today, soon, before, last week, finally* *at work, inside, downstairs, in England*	Adverbien der Zeit und des Ortes
3.	um zu sagen, **wie oft** etwas passiert. (▷ 202)	*always, often, sometimes, usually, never*	Adverbien der Häufigkeit
4.	um ein Adjektiv, Adverb oder Verb abzuschwächen oder zu verstärken. (▷ 204)	*rather, very, quite, pretty, a bit*	Gradadverbien
5.	um auf einen ganzen Satz Bezug zu nehmen. (▷ 198)	*of course, certainly, actually, probably*	Satzadverbien
6.	um Sätze miteinander zu verbinden. (▷ 201)	*then, next, however*	satzverbindende Adverbien

*Der Begriff „Adverb" umfaßt sowohl Einzelwörter (zum Beispiel *suddenly*) als auch adverbiale Gruppen (zum Beispiel *all of a sudden*).

191 Form der Adverbien — Forms of adverbs

Adjektiv	Adverb	
quick careful obvious nervous beautiful polite extreme	quick**ly** careful**ly** obvious**ly** nervous**ly** beautiful**ly** polite**ly** extreme**ly**	Viele Adverbien werden von Adjektiven durch Anhängen von *-ly* abgeleitet. **Grundregel:** Adjektiv + *ly* → Adverb
tru**e** whol**e**	truly wholly	
proba**ble** sim**ple**	proba**bly** sim**ply**	Nach Konsonant wird *-le* durch *-ly* ersetzt.
happy angry easy	happ**ily** angr**ily** eas**ily**	Bei mehrsilbigen Adjektiven, die auf *-y* enden, wird *-y* zu *-i*.
basic fantastic	basic**ally** fantastic**ally**	Bei Adjektiven, die auf *-ic* enden, wird *-ally* angefügt.
public	public**ly**	
full	full**y**	Bei Adjektiven, die auf *-ll* enden, wird *-y* angefügt.
friendly silly	in a friendly way stupidly	Von einigen Adjektiven, die auf *-ly* enden, kann kein Adverb abgeleitet werden. Als Ersatz dienen dann Umschreibungen oder Adverbien mit ähnlicher Bedeutung.

Es gibt auch eigenständige Adverbien, die nicht von Adjektiven abgeleitet sind. Dazu gehören:

here, there, everywhere, never, seldom, often, ever, always, soon, just

92 Adverb – Adjektiv: Gleiche Form – gleiche Bedeutung

I get up **early**.
I've got to catch the **early** train.
- Mind the speed limit! You're going too **fast**.
- They build **fast** cars nowadays.

You really have to work **hard**.
Studying English is a **hard** job.

- Paß auf die Geschwindigkeitsbegrenzung auf! Du fährst zu schnell.
- Heutzutage werden schnelle Autos gebaut.

Einige Wörter treten als Adverbien und Adjektive auf. Sie sind in Form und Bedeutung gleich.
Dazu gehören:

daily, weekly, monthly, yearly, early, likely, fast, long, far, hard

93 Adverb – Adjektiv: Gleiche Form – unterschiedliche Bedeutung

Oh come on now. It's **only** a short walk. And this is the **only** chance to get some fresh air today.
Jetzt hör bloß auf. Es ist nur ein kurzer Spaziergang. Und das ist die einzige Möglichkeit, heute etwas frische Luft zu schnappen.

Keep **still**, Dennis!
You **still** haven't finished your porridge.
Sitz still, Dennis!
Du hast deinen Haferschleim immer noch nicht aufgegessen.

– Richard is **well** again.
– Yes, considering he broke both of his legs he can walk quite **well**.
– Richard ist wieder gesund.
– Ja, wenn man bedenkt, daß er beide Beine gebrochen hatte, kann er ganz gut laufen.

Einige Adverbien und Adjektive haben zwar die gleiche Form, aber unterschiedliche Bedeutungen.
Dazu gehören:

	Adverb	Adjektiv
only	„erst“, „nur“	„einzig“
still	„(immer) noch“	„still“
well	„gut“	„gesund“

194 **Zwei Adverbien: Ähnliche Form – unterschiedliche Bedeutung**

They worked **hard** to make a living.
But they **hardly** had enough to eat.
Sie arbeiteten hart, um ihren Lebensunterhalt zu verdienen.
Aber sie hatten kaum genug zu essen.

The judge has **just** announced the verdict. Mrs Mason was **justly** punished for her crimes.
Die Richterin hat gerade das Urteil verkündet. Frau Mason wurde zu Recht für ihre Verbrechen bestraft.

The space shuttle climbed **high** into space. The technology involved is **highly** complicated.
Die Raumfähre stieg hoch in den Weltraum. Dahinter steckt eine höchst komplizierte Technik.

– I'm afraid you've come too **late**. I've already sold the car.
– Damn. I've really been having bad luck **lately**.
– Sie kommen zu spät. Ich habe den Wagen bereits verkauft.
– Mist. Ich hab' in letzter Zeit wirklich Pech.

Einige Adverbien haben zwei ähnliche Formen. Obwohl die eine Form wie ein Adjektiv aussieht, handelt es sich um ein Adverb. Beide Formen des Adverbs unterscheiden sich jedoch in der Bedeutung.

hard *hardly*	„hart" „kaum"
just *justly*	„gerade" „zu Recht"
high *highly*	„hoch" „höchst"
late *lately*	„spät" „in letzter Zeit"

You should go **slow/slowly** here.
I'll come back as **quick/quickly** as possible.
Don't talk so **loud**, I can hear quite well.

Einige Adverbien allerdings haben zwei ähnliche Formen, die auch bedeutungsgleich sind.
Die Formen *slow, quick* und *loud* werden umgangssprachlich immer gebräuchlicher;
loudly wird heutzutage kaum noch verwendet.

95 Steigerung der Adverbien — Comparison of adverbs

Grundform	Komparativ	Superlativ
fast	fast**er**	fast**est**
loud	loud**er**	loud**est**
hard	hard**er**	hard**est**
late	lat**er**	lat**est**
late	lat**er**	**last**
early	earl**ier**	earl**iest**
gladly	**more** gladly	**most** gladly
nervously	**more** nervously	**most** nervously
carefully	**more** carefully	**most** carefully
slowly	**more** slowly	**most** slowly
	slow**er**	slow**est**
quietly	**more** quietly	**most** quietly
	quiet**er**	quiet**est**
quickly	**more** quickly	**most** quickly
	quick**er**	quick**est**

Einsilbige Adverbien werden durch Anhängen von *-er/-est* gesteigert.

latest = „am spätesten“
last = „zuletzt“

-y wird zu *-i*.

Zwei- und mehrsilbige Adverbien werden mit *more* und *most* gesteigert.

Einige zweisilbige Adverbien können mit *-er/-est* oder mit *more/most* gesteigert werden.

Unregelmäßige Steigerung

badly	worse	worst
well	better	best
much	more	most
a lot	more	most
a little	less	least
far	further	furthest

Einige Adverbien haben besondere Steigerungsformen.

196 Gebrauch der Steigerungsformen — Use of comparative and superlative

Die Steigerungsformen der Adverbien werden wie die Steigerungsformen der Adjektive verwendet (▷ 188).

The old man ran **faster than** the old woman.

The old woman arrived **earlier than** the young boy.

The young boy arrived **last**.

After 6 weeks in England, Frank began to speak English **more and more fluently**.	*more and more fluently* = „immer flüssiger"
The more often he practised **the quicker** he learned.	*the more often ... the quicker* = „je öfter ... desto schneller"
He talked **as much as** possible.	*as ... as* = „so ... wie"
His classmates could**n't** talk **as well as** he could.	*not as ... as* = „nicht so ... wie"

197 Stellung der Adverbien — Position of adverbs

Die Stellung des Adverbs ist sehr variabel. Es kann am Anfang, am Ende oder in der Mitte des Satzes stehen.

The gangster **took the money** **quickly**.
Then he **slowly** **pulled the trigger.**

Der Gangster nahm schnell das Geld.
Dann zog er langsam den Abzug.

Grundregel:

Das Adverb steht **nicht** zwischen Verb und direktem Objekt.

Abweichende Stellung des Adverbs im Deutschen

Anfangsstellung

Last week 108 people died in a plane crash.

Das Adverb steht vor dem Subjekt.

Mittelstellung

Das Adverb steht

The Pope **often** talks about birth control. He **certainly** knows what he is talking about.	– vor alleinstehendem Vollverb;
I've **never** done any surfing but I've **actually** been thinking about taking classes.	– nach dem (ersten) Hilfsverb;
Gloria was **always** the one who had the best ideas.	– nach einfachen Formen von *be*.

Endstellung

Das Adverb steht

Football hooliganism reached a critical point in Brussels **in May 1985.**	– am Satzende;
The image of football suffered **badly**.	– nach dem Verbteil;
The European football federation banned all English teams **immediately** from European competitions.	– nach dem direkten Objekt.

Der Fußballvandalismus erreichte in Brüssel im Mai 1985 einen kritischen Höhepunkt.
Das Image des Fußballs hat sehr gelitten.
Der europäische Fußballverband schloß alle englischen Mannschaften unverzüglich von europäischen Wettkämpfen aus.

98 ↓ 105

Die Stellung verschiedener Adverbien — Position of various types of adverbs

Obwohl die Stellung der Adverbien im Englischen sehr flexibel ist, stehen die meisten Adverbien an bevorzugten Stellen im Satz.

Satzadverbien: **Anfang** – **Mitte** – **Ende**

Zeitadverbien, Ortsadverbien: **Anfang** – **Ende**

satzverbindende Adverbien: **Anfang**

Häufigkeitsadverbien: **Mitte**

Adverbien der Art und Weise: **Ende**

198 Satzadverbien — Sentence adverbs

Satzadverbien stehen

Of course I've read that book.
I've read it twice, **actually**.

That was **clearly** a bad foul. The referee will **probably** send him off.
He **certainly** deserves it.

- am Satzanfang;
- am Satzende;
- in der Satzmitte.

Natürlich hab' ich das Buch gelesen. Ich hab' es sogar zweimal gelesen. Das war ganz klar ein schweres Foul. Der Schiedsrichter wird ihn wahrscheinlich vom Platz stellen. Das verdient er aber auch.

- Where's Kevin?
- **Perhaps** he overslept.
- Yeah, **maybe** he'll come later.

perhaps und *maybe* stehen am Satzanfang.

199 Orts- und Richtungsadverbien — Adverbs of place and direction

Orts- und Richtungsadverbien stehen

- **In China** people eat their soup with sticks.
- You don't say. How do they do that?

- Where's Sue?
- I think she went **downstairs**.
- Are you sure? I didn't see her **there**.
- Well, I don't know. Maybe she went **outside**.

We spend most of our lives **at work** or **in bed**.

- am Satzanfang;
- am Satzende.

200 Zeitadverbien — Adverbs of time

Zeitadverbien stehen

- How's Barbara doing? I heard she was taken to hospital **last week**.
- Oh, she's much better. **This morning** she told me she'll be home **soon**.

- am Satzanfang;
- am Satzende.

- Wie geht es Barbara? Ich hab' gehört, sie ist letzte Woche ins Krankenhaus gekommen.
- Ach, es geht ihr schon viel besser. Heute morgen hat sie mir gesagt, daß sie bald nach Hause kommt.

He has **finally** given up the idea of becoming President of the United States.

- The English lesson will **soon** be over.
- Thank God.

- When are you going to do your homework?
- What do you mean? I've **already** done it.

Adverbien auf *-ly* sowie *already, last, soon* können auch in Mittelstellung stehen.

- Are you **still** doing your homework?
- Yeah, I haven't finished that stupid translation **yet**.

still steht in Mittelstellung, *yet* steht am Satzende.

:01 Satzverbindende Adverbien   Linking adverbs

You press the clutch down. **Then** you put in first gear. **Next** you press the accelerator down and let the clutch out. **However**, if you do this too fast, the car will jump forward like a kangaroo.

Du trittst die Kupplung. Dann schaltest du in den 1. Gang. Als nächstes gibst du Gas und läßt die Kupplung kommen. Wenn du das aber zu schnell machst, hüpft der Wagen wie ein Känguruh vorwärts.

Satzverbindende Adverbien, wie zum Beispiel *then, next, however* stehen am Satzanfang.

:02 Häufigkeitsadverbien   Adverbs of frequency

I **always** hated tests. I **often** tried to cheat but the teacher **usually** kept an eye on me. She **never** caught me cheating though.

Ich habe Tests immer gehaßt. Ich habe oft versucht zu mogeln, aber die Lehrerin behielt mich normalerweise im Auge. Sie hat mich aber nie beim Mogeln erwischt.

Häufigkeitsadverbien stehen in Mittelstellung.
Dazu gehören zum Beispiel:

always, often, ever, seldom, sometimes, usually, never

Usually I don't do any homework.

Sometimes I wish there were no foreign languages.

Normalerweise mache ich keine Hausaufgaben.
Manchmal wünsche ich mir, es gäbe keine Fremdsprachen.

sometimes und *usually* stehen häufig am Satzanfang. Dadurch werden sie besonders betont.

203 Adverbien der Art und Weise — Adverbs of manner

He remembered it all very **well**. First the tiger had moved **slowly**. Then it had jumped at him. He got injured **badly** and was taken to hospital **fast**.

Er konnte sich gut an alles erinnern. Der Tiger hatte sich zuerst langsam bewegt. Dann war er auf ihn zugesprungen. Er wurde schwer verletzt und schnell ins Krankenhaus gebracht.

Adverbien der Art und Weise stehen am Satzende.
Dazu gehören zum Beispiel:

fast, slowly, well, badly, suddenly, carefully

Slowly the tiger moved forward. **Suddenly** it jumped at him.

Langsam bewegte der Tiger sich vorwärts. Plötzlich sprang er ihn an.

Manche Adverbien der Art und Weise können auch an den Satzanfang treten. Dadurch werden sie besonders betont.

The meeting was **well** financed but **badly** organised.

Die Tagung war gut finanziert, aber schlecht organisiert.

In Passivsätzen steht das Adverb häufig vor dem Partizip Perfekt, vor allem wenn es sich um Adverbien handelt, die ausdrücken, wie gut/wie schlecht etwas getan wurde.

204 Gradadverbien — Adverbs of degree

– How did it go?
● – Well, of course I was **a bit** nervous. But once under water I felt **quite** okay. Then suddenly that big shark appeared. It looked **very** hungry. I was **pretty** shocked. But I made it back to the boat.

● – Natürlich war ich etwas nervös. Aber als ich erstmal unter Wasser war, fühlte ich mich ganz okay. Dann tauchte plötzlich dieser große Hai auf. Der sah sehr hungrig aus. Ich war ganz schön schockiert. Aber ich hab's zurück zum Boot geschafft.

Gradadverbien stehen vor dem Wort, das sie beschreiben.
Dazu gehören:

rather, very, quite, pretty, a bit

so als Verstärker

We never thought Tom was **so** clever. (= **that** clever)
I didn't realize your business was going **so** badly. (= **this** badly)

so als Verstärker kann in der Umgangssprache durch *this* und *that* als Verstärker ersetzt werden.

Wir hätten nie gedacht, daß Tom so klug ist.
Mir war nicht klar, daß dein Geschäft so schlecht geht.

105 Gleichzeitiges Auftreten mehrerer Adverbien

The German ice-hockey team played **badly** **in Moscow**.
Let's work a bit **slower** **from now on**.
- She arrived **there** **in time**.
- The guerillas crawled **quietly** **through the jungle** **last night**.

Treten mehrere Adverbien gleichzeitig auf, dann gilt die **Grundregel:**

Art und Weise **vor** Ort **vor** Zeit

- Sie ist rechtzeitig dort angekommen.
- Die Guerillas krochen letzte Nacht leise durch den Dschungel.

– When are you leaving?
– We're flying **at 8 p.m.** **on Monday**.
Our first stop will be **Gatwick Airport**, **London**.

Treten mehrere Adverbien des gleichen Typs zusammen auf, dann gilt:
Das Adverb mit der spezielleren Information tritt **vor** das Adverb mit der allgemeineren Information.

Kapitel 10 Der komplexe Satz The complex sentence

206 Form

Der komplexe Satz ist die Verbindung von einzelnen Sätzen.

I was talking to the man who owns the kiosk when a child ran across the road.

I was talking to a man.	The man owns the kiosk.	At the same time a child ran across the road.

Der komplexe Satz besteht aus mehreren Teilsätzen:
- aus einem Hauptsatz und einem oder mehreren Nebensätzen;
- aus zwei oder mehreren Hauptsätzen.

In jedem komplexen Satz gibt es mindestens einen Hauptsatz.

Have you heard | what happened this morning?
Hauptsatz | Nebensatz

I was talking to the man | who owns the kiosk | when a child ran across the road.
Hauptsatz | Nebensatz | Nebensatz

The child was knocked down by a car | and she was badly injured.
Hauptsatz | Hauptsatz

Die Teilsätze können miteinander verbunden werden.

- Do you know **what** happened to that little girl?
  You know – the girl **who** was knocked down by a car.
- Yes, she's got to stay in hospital **until** her leg's better.

Es gibt drei Arten von Verbindungswörtern:

- Fragewörter
- Relativpronomen
- Konjunktionen

Wir unterscheiden zwischen zwei Arten von **Konjunktionen**:
1. Konjunktionen, die Hauptsätze miteinander verbinden *(and, but, or)*;
2. Konjunktionen, die einen Nebensatz mit einem Hauptsatz oder mit einem anderen Nebensatz verbinden. Dazu gehören: *as, because, if, since, until, till, when, while.*

207 Die Verbindung von Hauptsätzen   Linking of main clauses

Hauptsätze werden zumeist aus stilistischen Gründen miteinander verbunden, um eine Abfolge von einzelnen Sätzen zu vermeiden oder um die Satzinhalte enger miteinander zu verknüpfen.

- What about your hobbies, Mrs Robinson?
- I do a lot of knitting **and** I watch television.
- And your husband?
- Well, Jim likes a pint at the pub **but** he never has too much.
  He sometimes watches television **or** he reads the newspaper.

Konjunktionen, die Hauptsätze verbinden:

and, but, or

- Where's Jim?
- **Either** he's still in his office **or** he's gone home.

Neither he **nor** his wife smokes.

Weitere Verbindungen:

either ... or = „entweder ... oder"

neither ... nor = „weder ... noch"

208 Die Funktion von Nebensätzen   The function of subordinate clauses

Nebensätze erfüllen verschiedene Funktionen; sie werden eingesetzt:

1. **als Subjekt des Hauptsatzes:**

   What I need (Nebensatz) is a hot shower. (Hauptsatz)

2. **als Objekt des Hauptsatzes:**

   I didn't know (Hauptsatz) **that you were here**. (Nebensatz)

3. **um eine indirekte Frage auszudrücken:**

   They want to know (Hauptsatz) **where we're going this evening**. (Nebensatz)

4. **als Relativsatz, um eine Person oder Sache näher zu beschreiben:**

   Have you heard about the man (Hauptsatz) **who can speak 58 languages**? (Nebensatz)

5. **als adverbiale Bestimmung, um die Umstände (Zeit, Ort, usw.) eines Vorgangs näher zu beschreiben:**

   When we arrived at the airport, (Nebensatz) the plane had already taken off. (Hauptsatz)

209 Die Wortstellung im Nebensatz — Word order in subordinate clauses

Die Wortstellung im Nebensatz ist die gleiche wie im Hauptsatz: **Subjektteil** + **Verbteil** + **Ergänzung**

Subjektteil	Verbteil	Ergänzung	Verbindungswort	Subjektteil	Verbteil	Ergänzung
I	can't come	tomorrow	because	I	've broken	my arm.

Hauptsatz — Nebensatz

Abweichende Wortstellung im Deutschen

Subjekt-teil	Hilfs-verb	Ergänzung	Hauptverb	Verbindungs-wort	Subjekt-teil	Ergänzung	Verbteil
Ich	kann	morgen	nicht kommen,	weil	ich	mir den Arm	gebrochen habe.

Hauptsatz — Nebensatz

210 *that*-Sätze — *that*-clauses

Jeremy said that he was going to the doctor's.
(Hauptsatz: Jeremy said — *that*-Satz: that he was going to the doctor's.)

Nach vielen Verben kommt ein *that*-Satz als ergänzender Nebensatz vor.

Jeremy **told** the doctor **that** he wasn't feeling very well.
- He **said that** he'd had a headache for three days.

- The doctor **thought that** his patient was simulating.

He didn't **believe that** Jeremy was really ill.
- He **supposed that** he was just trying to get a few days off work.

He **decided that** he would teach him a lesson.
The doctor **suggested that** Jeremy should hold his breath for five minutes.
- Suddenly he **realized that** Jeremy was unconscious.

Zu diesen Verben gehören:

say, tell, answer, mention, reply

believe, imagine, suppose, think

decide, hope, realize, suggest

He said he wasn't feeling well.
The doctor thought his patient was simulating.

Meistens kann *that* weggelassen werden.

- Er sagte, daß er seit drei Tagen Kopfweh hätte.
- Der Arzt dachte, daß sein Patient simulierte.
- Er nahm an, daß er versuchte, ein paar Tage frei zu kriegen.
- Plötzlich merkte er, daß Jeremy bewußtlos war.

Nach einigen Verben ist im Englischen kein *that*-Satz möglich.

- Jeremy wanted the doctor to prescribe him some pills.
- Afterwards he thanked the doctor for helping him.
  Can you imagine going to a doctor like that?

Kein *that*-Satz nach *want*

Andere Satzmuster nach *thank, imagine* (▷ 133, 140)

- Jeremy wollte, daß der Arzt ihm Tabletten verschreibt.
- Hinterher dankte er dem Arzt dafür, daß er ihm geholfen hatte.

Im Deutschen „daß“-Satz

211 ↓ 217

Relativsätze Relative clauses

Relativsätze werden verwendet, um eine Person oder eine Sache, die in einem anderen Teilsatz erwähnt wird, näher zu beschreiben.

Have you heard about the **man** **who** was sentenced to death?
(Hauptsatz: Have you heard about the man — Relativsatz: who was sentenced to death?)

That was the worst **crime** **that** I've ever heard about.
(Hauptsatz: That was the worst crime — Relativsatz: that I've ever heard about.)

Die Verbindungswörter, die Relativsätze einleiten, heißen Relativpronomen.

Die wichtigsten Relativpronomen sind *who, which, that, whose, whom.*

211

Relativpronomen Relative pronouns

Bei Personen verwendet man

– Look! There's the man **who** was in all the papers a couple of years ago.
– You mean the man **that** robbed the bank in Station Road?

– *who* als Subjekt des Relativsatzes (umgangssprachlich auch *that*)

● – Yes, Monica Jones was one of the hostages **that** he took.
– Is that the woman **who** we met on the bus?

– *that* als Objekt des Relativsatzes (umgangssprachlich auch *who*)

Is that the woman **whom** we met on the bus?

– *whom* als Objekt des Relativsatzes (formell)

– You remember his trial, don't you?
– You mean the trial **that** lasted over two years?
You mean the trial **which** lasted over two years?

Bei Sachen verwendet man immer *that* oder *which.*

She's the woman **whose** daughter goes to school with our Jenny.
● Rothman's Bank, **whose** Chairman died last week, was robbed yesterday.

whose wird verwendet bei Personen und manchmal auch bei Sachen.

- Ja, Monica Jones war eine der Geiseln, die er nahm.
- Rothmans Bank, deren Vorsitzender letzte Woche gestorben ist, wurde gestern überfallen.

212 Notwendige und nichtnotwendige Relativsätze — Defining and non-defining relative clauses

1. Ein notwendiger Relativsatz ist als Ergänzung erforderlich; mit ihm wird ein Satz erst verständlich.

Have you heard about the man?	ist zwar als Frage grammatisch vollständig, aber nicht eindeutig zu beantworten. Es ist nicht klar, welcher Mann gemeint ist. Der Gesprächspartner würde sicherlich zurückfragen: *Which man?*

Eine genauere Fragestellung ist also notwendig:

Have you heard about the man **who walked into the Queen's bedroom**?
(Hauptsatz: Have you heard about the man — notwendiger Relativsatz: who walked into the Queen's bedroom)

Kein Komma vor einem notwendigen Relativsatz

2. Ein nichtnotwendiger Relativsatz gibt zusätzliche Informationen, die aber zum Verständnis eines Satzes nicht unbedingt erforderlich sind.

The Queen is visiting Bonn next week.	ist als Aussage sofort verständlich und bedarf keiner Ergänzung. Es ist jedoch möglich, zusätzliche Informationen innerhalb des Satzgefüges zu geben.

The Queen, **who was sixty this year**, is visiting Bonn next week.
(nichtnotwendiger Relativsatz: who was sixty this year — Hauptsatz: The Queen … is visiting Bonn next week.)

Der nichtnotwendige Relativsatz wird durch Komma vom restlichen Satz getrennt.

213 Notwendige Relativsätze: Eine Übersicht — Defining relative clauses: summary

1. Das Relativpronomen als Subjekt des Relativsatzes

	Subjekt	Verb	
Have you heard about the man	**who**	walked	into the Queen's bedroom?

2. Das Relativpronomen als Objekt des Relativsatzes

	Objekt	Subjekt	Verb		
On the programme	**that**	I	saw	on telly last night	they said he was a madman.

3. Das Relativpronomen als Präpositionalobjekt des Relativsatzes

	Präpositional-objekt	Subjekt	Verb		
The policeman	**to whom**	I	was talking		said he was probably a terrorist.
The policeman	**who**	I	was talking	**to**	said he was probably a terrorist.

214 Notwendiger Relativsatz ohne Relativpronomen — Contact clause

On the programme I saw on telly last night they said he was a madman.
The policeman I was talking to said he was probably a terrorist.

In der Sendung, die ich gestern abend im Fernsehen angeschaut habe, sagten sie, er ist ein Verrückter.
Der Polizist, mit dem ich gesprochen habe, sagte, er ist wahrscheinlich ein Terrorist.

Ist das Relativpronomen in einem notwendigen Relativsatz Objekt oder Präpositionalobjekt, wird es oft weggelassen.

Im Deutschen ist es nicht möglich, das Relativpronomen wegzulassen. Die Präposition steht immer vor dem Relativpronomen.

215 Nichtnotwendige Relativsätze — Non-defining relative clauses

Nichtnotwendige Relativsätze kommen fast ausschließlich in der Schriftsprache vor.

The Queen, **who** is a light sleeper, was surprised to see a man sitting at her bedside.

that als Relativpronomen ist nicht möglich.

● The man, **whom** guards had seen passing through the kitchen, had escaped from an asylum.

Das Relativpronomen kann nicht weggelassen werden.

Her Majesty, **to whom** I was talking only last week, suffered a great shock.

● Der Mann, den das Wachpersonal gesehen hatte, als er durch die Küche ging, war aus einer Anstalt ausgebrochen.

216 Die Stellung der Präposition im Relativsatz

The policeman **to whom** I was talking said he was probably a terrorist.

Die Präposition steht vor dem Relativpronomen → formell.

The policeman **who** I was talking **to** said he was probably a terrorist.

Die Präposition steht am Ende des Relativsatzes → informell. *who* wird dann gegenüber *whom* bevorzugt.

217 Partizipialkonstruktionen — Participle constructions

Relativsätze werden häufig durch kürzere Partizipialkonstruktionen ersetzt. Es gibt zwei verschiedene Möglichkeiten.

1. Mit Partizip Präsens (*-ing*-Form)

The **woman** **speaking** to Mr Harris is from York.

Did you see the **man** **wearing** the blue suit?

Diese Konstruktion entspricht einem aktiven Relativsatz, in dem das Bezugswort des Hauptsatzes (*woman/man*) als Subjekt wieder aufgenommen wird. Sie wird besonders in der gesprochenen Sprache verwendet.

Die Frau, die mit Herrn Harris spricht, ist aus York.
Hast du den Mann gesehen, der den blauen Anzug anhatte?

2. Mit Partizip Perfekt

The **tools** **manufactured** by this firm are a big success all over the world.

Press the **button** **located** at the rear of the unit.

Die Werkzeuge, die von dieser Firma hergestellt werden, sind auf der ganzen Welt ein großer Erfolg.
Drücken Sie auf den Knopf, der auf der Rückseite des Gerätes angebracht ist.

Diese Konstruktion entspricht einem passiven Relativsatz, in dem das Bezugswort des Hauptsatzes (*tools/button*) als Subjekt wieder aufgenommen wird. Sie wird besonders in der Schriftsprache verwendet.

218 Adverbiale Nebensätze   Adverbial clauses

Adverbiale Nebensätze werden grundsätzlich durch Konjunktionen eingeleitet.
Sie erfüllen die Funktion einer adverbialen Bestimmung (▷ 190):

Can you pick up my car **tomorrow**? (Adverbiale Bestimmung)

Can you pick up my car **when you're in town**? (Adverbialer Nebensatz)

After we pick up the car, (Nebensatz) we can have a look around the shops. (Hauptsatz)

We can have a look around the shops (Hauptsatz) **after we pick up the car**. (Nebensatz)

Adverbiale Nebensätze können vor oder nach dem Hauptsatz stehen. Steht ein adverbialer Nebensatz vor dem Hauptsatz, wird meistens ein Komma gesetzt.

Folgt ein adverbialer Nebensatz dem Hauptsatz, wird kein Komma gesetzt.

219 Adverbiale Nebensätze: Zeit   Adverbial clauses of time

I had to wait two weeks **until** **my car was ready.**

When **I arrived at the garage**, I saw the mechanic putting oil into the engine.

- **After** **I'd paid the bill**, I realized they hadn't repaired the radiator.

- Nachdem ich die Rechnung bezahlt hatte, entdeckte ich, daß sie den Kühler nicht repariert hatten.

Die wichtigsten Konjunktionen in Zeit-Nebensätzen:

after	„nachdem“
as	„während“
before	„bevor“
since	„seit“
till/until	„bis“
when	„als“, „wenn“
while	„während“

After paying the bill I realized they hadn't repaired the radiator.

Arriving at the garage I saw the mechanic putting oil into the engine.

Es ist oft möglich, Zeit-Nebensätze mit einer *-ing*-Konstruktion zu verkürzen.

Das Subjekt im Hauptsatz ist gleichzeitig Träger der Handlung im Nebensatz.

220 Adverbiale Nebensätze: Ort und Richtung — Adverbial clauses of place and direction

- The radiator had a couple of spots **where the rust was bad**.

  That's the garage **where I take my car**.

Konjunktion:

where = „wo", „wohin"

- Der Kühler hatte ein paar Stellen, wo der Rost schlimm durchkam.

221 Adverbiale Nebensätze: Ergebnis — Adverbial clauses of result

- My car wasn't ready **so I had to go by bus**.

  I was **so** angry **that I could hardly speak**.

Konjunktionen:

so (that) = „so daß"
so … that = „so … daß"

- Mein Auto war nicht fertig, so daß ich mit dem Bus fahren mußte.

222 Adverbiale Nebensätze: Zweck — Adverbial clauses of purpose

Next time I'm going to buy a plastic car **so I won't have any trouble with rust**.
I think some manufacturers make bad cars deliberately **so that they can make a profit on the spare parts**.

Konjunktionen:

so (that) = „damit"

Nächstes Mal werde ich ein Plastikauto kaufen, damit ich keine Probleme mehr mit Rost habe.
Ich glaube, einige Hersteller bauen mit Absicht schlechte Autos, damit sie an den Ersatzteilen verdienen können.

23 Adverbiale Nebensätze: Einräumung — Adverbial clauses of concession

Though **I wasn't satisfied**, I didn't complain.
Although **I had paid the bill**, I received several reminders.

Konjunktionen:
though, although = „obwohl"

Obwohl ich nicht zufrieden war, habe ich mich nicht beschwert.
Obwohl ich die Rechnung bezahlt hatte, bekam ich mehrere Mahnungen.

24 Adverbiale Nebensätze: Grund — Adverbial clauses of reason

I don't like repairing cars **because** **it always takes ages**.

As **garage bills are so expensive**, I think I will do the repairs myself in future.

Since **I've already paid the bill**, I can't do anything about it now.

Konjunktionen:
as, since = „da"
because = „weil"

because steht selten am Satzanfang. *as* und *since* stehen bevorzugt am Satzanfang.

Ich repariere Autos nicht gern, weil es immer ewig dauert.
Da Werkstattrechnungen so teuer sind, glaube ich, daß ich die Reparaturen in Zukunft selber machen werde.
Da ich die Rechnung schon bezahlt habe, kann ich jetzt nichts mehr machen.

25 Adverbiale Nebensätze: Art und Weise; Vergleich — Adverbial clauses of manner and comparison

The car looked **as if** **it had been repaired with a sledge-hammer**.

These days they don't repair cars **like** **they used to**.

Konjunktionen:

as	= „wie", „so wie"
as if	= „als ob"
as ... as	= „so ... wie"
like	= „wie", „so wie"

Das Auto sah aus, als ob es mit einem Vorschlaghammer repariert worden wäre.
Heutzutage reparieren sie die Autos nicht mehr so wie früher.

226 Konjunktionen mit mehreren Bedeutungen — Conjunctions with different meanings

Manche Konjunktionen haben je nach Zusammenhang unterschiedliche Bedeutungen.

As I was walking down the road, I saw a man being robbed.
As I'm not very brave, I pretended not to notice.
The streets are not **as** safe **as** they used to be.

I haven't been out of town **since** I came to Los Angeles.
Since I love L.A. so much, I don't think I will ever leave.

Dazu gehören:

as	= „während" (Zeit)
as	= „da" (Grund)
as ... as	= „so ... wie" (Vergleich)
since	= „seitdem" (Zeit)
since	= „da" (Grund)

227 Adverbiale Nebensätze: Bedingung — Conditional clauses

If you write a letter of complaint, you might get your money back.

You'll never get your money back **unless you complain**.

Wenn du einen Beschwerdebrief schreibst, kriegst du vielleicht dein Geld zurück.
Du kriegst dein Geld nie zurück, es sei denn, du beschwerst dich.

Konjunktionen:

if	= „wenn", „falls"
unless	= „es sei denn"

228 Bedingungssätze (*if*-Sätze): Übersicht — Conditional sentences: summary

Ein Bedingungssatz besteht aus einem Hauptsatz und einem Nebensatz der Bedingung. Der Nebensatz wird meistens durch die Konjunktion *if* eingeleitet.

Es gibt drei verschiedene Arten von Bedingungen:

If you ask John, he will help you with the German translation.
(John hilft bestimmt, also frag ihn.)

If you asked John, he would help you with the German translation.
(John hilft bestimmt. Es hängt nur davon ab, ob du ihn fragst.)

– Erfüllbare Bedingungen

If you had a German mother like John, you wouldn't need any help with the translation. (Deine Mutter ist aber nun mal keine Deutsche.)

– Nicht erfüllbare Bedingungen

If you had asked John, he would have helped you with the translation. (John hätte bestimmt geholfen, aber du hast ihn ja nicht gefragt.)

– Nicht erfüllte Bedingungen

229 Verbformen in Bedingungssätzen — Verb forms in conditional sentences

Bei Bedingungssätzen gibt es eine festgelegte Reihenfolge der Verbformen im Haupt- und Nebensatz (*if*-Teil). Wir unterscheiden grundsätzlich zwischen drei Gruppen.

	if-Teil	Hauptsatz
1. Gruppe	If we **use** more solar energy, **Present Tense**	pollution **will decrease**. ***will*** + **Infinitiv**
2. Gruppe	If we **used** more solar energy, **Past Tense**	pollution **would decrease**. ***would*** + **Infinitiv**
3. Gruppe	If we **had used** more solar energy, **Past Perfect**	pollution **would have decreased**. ***would have*** + **Partizip Perfekt**

Wenn wir mehr Sonnenenergie verwenden, nimmt die Umweltbelastung ab.
Wenn wir mehr Sonnenenergie verwenden würden, würde die Umweltbelastung abnehmen.
Wenn wir mehr Sonnenenergie verwendet hätten, hätte die Umweltbelastung abgenommen.

Abweichende Verbformen im Deutschen

230 1. Gruppe von Bedingungssätzen: Present Tense – *will* + Infinitiv

If we consume less, that **will** be bad for the economy.

If we don't develop non-polluting forms of energy, we **must** try to consume less.

If we don't start thinking about new forms of energy, our children **won't have** a healthy environment.

Grundregel: *will* im Hauptsatz

Statt *will* können auch andere modale Hilfsverben auftreten.

Die Verben können auch verneint werden.

Wenn wir weniger verbrauchen, ist das schlecht für die Wirtschaft.
Wenn wir keine umweltfreundlichen Energieformen entwickeln, müssen wir versuchen, weniger zu verbrauchen.
Wenn wir nicht anfangen, über neue Energieformen nachzudenken, werden unsere Kinder keine gesunde Umwelt haben.

If the sky's red at night, it**'s going to** be a nice day tomorrow.
If you see Martin, **tell** him to come and see me sometime.

– *be going to* anstelle von *will*
– Befehlsform

231 2. Gruppe von Bedingungssätzen: Past Tense – *would* + Infinitiv

If we **closed down** the nuclear power stations, we **wouldn't have** enough electricity for homes and industry.
If the scientists **developed** a completely safe reactor, we **could** import less oil.

Wenn wir die Kernkraftwerke schließen würden, hätten wir nicht genug Strom für Wohnungen und Industrie.
Wenn die Wissenschaftler einen völlig sicheren Reaktor entwickeln würden, dann könnten wir weniger Öl importieren.

Grundregel: Kein *would* im *if*-Teil

could kann anstelle von *would* im Hauptsatz auftreten.

If I **were** a nuclear scientist, I would probably be in favour of nuclear energy, too.
If I **was** a nuclear scientist, I would probably be in favour of nuclear energy, too.

Wenn ich Atomwissenschaftler wäre, wäre ich wahrscheinlich auch für Kernkraft.

Bei nicht erfüllbaren Bedingungen (▷ 228) treten oft die Formen *if I were*, *if he/she/it were* auf. Umgangssprachlich wird *was* beibehalten.

232 3. Gruppe von Bedingungssätzen: Past Perfect – *would have* + Partizip Perfekt

If they had been more careful, the catastrophe in Chernobyl **would** not have happened.

If they had been more careful, they **could** have avoided the catastrophe in Chernobyl.
If they hadn't been so lucky, the reactor in Harrisburg **might** have exploded, too.

Wenn sie vorsichtiger gewesen wären, wäre die Katastrophe in Tschernobyl nicht passiert.
Wenn sie vorsichtiger gewesen wären, hätten sie die Katastrophe in Tschernobyl vermeiden können.
Wenn sie nicht so viel Glück gehabt hätten, wäre der Reaktor in Harrisburg vielleicht auch explodiert.

Grundregel:

Kein *would* im *if*-Teil

Anstelle von *would* im Hauptsatz können auch *could* oder *might* auftreten.

33 Indirekte Rede Reported speech

↓

Wenn jemand etwas sagt, nennt man das direkte Rede.

39 Wenn darüber berichtet wird, was jemand gesagt hat, wird das indirekte Rede genannt.

Larry: "Are you coming to my party tomorrow, Sylvia?" Sylvia: "I can't come tomorrow. I want to finish programming my computer."	Direkte Rede
● Larry asked Sylvia if she was coming to his party the next day. Sylvia said that she couldn't come the next day because she wanted to finish programming her computer.	Indirekte Rede

● Larry hat Syliva gefragt, ob sie am Tag darauf auf sein Fest kommt. Sylvia hat gesagt, daß sie am nächsten Tag nicht kommen kann, weil sie ihren Computer fertig programmieren will.

33 Indirekte Rede – Veränderungen gegenüber der direkten Rede

Bei der indirekten Rede treten gegenüber der direkten Rede einige Veränderungen ein. Ob und welche Veränderungen eintreten, hängt von der Zeitform des einleitenden Verbs und vom Standpunkt des „Berichterstatters" ab.

Sylvia: "I **want** to finish programming my computer." Sylvia **says** she **wants** to finish programming her computer.	1. Einleitendes Verb: *Present Tense* – keine Veränderung der Zeitform
Sylvia **said** she **wanted** to finish programming her computer.	Einleitendes Verb: *Past Tense* – Rückverschiebung der Zeitform
Sylvia: "I can't come **tomorrow**." Sylvia said she couldn't come **the next day**.	2. Anpassung der Zeit- und Ortsbestimmungen
Larry: "**I** was looking forward to seeing **you**." Larry replied **he** had been looking forward to seeing **her**.	3. Anpassung der Pronomen
Larry: "Are you coming to my party?" Larry asked Sylvia if she was coming to his party.	4. Änderung der Wortsstellung bei Fragesätzen
Larry: "Come and see me sometime." Larry asked Sylvia to come and see him sometime.	5. Änderung der Satzform bei Aufforderungssätzen
Sylvia **said that** she wanted to finish programming her computer.	Nach dem einleitenden Verb kann *that* stehen (▷ 210).

234 Indirekte Rede: Keine Rückverschiebung — Reported speech: no backshift

Steht das einleitende Verb im *Present Tense* oder *Present Perfect*, erfolgt keine Rückverschiebung. Die Zeitformen der direkten Rede bleiben erhalten.

Direkte Rede	Indirekte Rede
"I want to redecorate the kitchen." "I'm not going to help you."	Beryl **says** she wants to redecorate the kitchen. I**'ve told** you more than once that I'm not going to help you.

235 Indirekte Rede: Rückverschiebung — Reported speech: backshift

Steht das einleitende Verb im *Past Tense* oder *Past Perfect*, erfolgt bei den Zeitformen eine Rückverschiebung.

Direkte Rede	Indirekte Rede
"I **know** the trains **are** often late in Britain but two hours **is** ridiculous!" ***Present Tense***	Mr Hillman said he **knew** the trains **were** often late in Britain but two hours **was** ridiculous. ***Past Tense***
"We**'ve been waiting** here since 10.30." ***Present Perfect***	He said they **had been waiting** there since 10.30. ***Past Perfect***
"We **came** from France on the Channel ferry and we **had** no trouble at all." ***Past Tense***	He told us they **had come** from France on the Channel ferry and **had had** no trouble at all. ***Past Perfect***
"I**'ll** certainly bring the car next time." ***will***	He said he **would** certainly bring the car next time. ***would***
"I**'m going to** complain to British Rail." ***going to-Future***	He said he **was going to** complain to British Rail. ***was/were going to***
"Well, you **can** do that, but it won't do any good." ***can/may/shall***	I told him he **could** do that but that it wouldn't do any good. ***could/might/should***

"The best thing **would be to take** a taxi!" I suggested the best thing **would be to take** a taxi.	Andere Zeitformen verändern sich nicht.

• Mr Hillman said he knew the trains were often late in Britain but two hours was ridiculous. • He said they had been waiting there since 10.30.	Die Rückverschiebung ist im Englischen notwendig.
• Herr Hillman hat gesagt, er weiß, daß die Züge in Großbritannien oft Verspätung haben, aber zwei Stunden sind lächerlich. Herr Hillman sagte, er wüßte/wisse, daß die Züge in Großbritannien oft Verspätung hätten, aber zwei Stunden wären/seien lächerlich. • Er hat gesagt, sie warten schon seit 10.30 Uhr. Er sagte, sie würden schon seit 10.30 Uhr warten.	Im Deutschen gibt es statt einer Rückverschiebung verschiedene andere Möglichkeiten.

36 Indirekte Rede: Anpassung der Zeit- und Ortsbestimmungen — Reported speech: adjustment of adverbials of time and place

Die Zeit- und Ortsbestimmungen der direkten Rede werden in der indirekten Rede je nach Standpunkt des „Berichterstatters" beibehalten oder unterschiedlich verändert. Ob und welche Anpassungen notwendig sind, hängt also vom Zeitpunkt und Ort der „Berichterstattung" ab.

"I'm leaving **tomorrow**."	She said she was leaving **tomorrow**.	Berichterstattung am gleichen Tag
	She said she was leaving **today**.	Berichterstattung am nächsten Tag
	She said she was leaving **the next day**.	Berichterstattung später

Typische Anpassungen sind:

Sarah: "I'm going to visit Julian in hospital tomorrow."	Sarah said she was going to visit Julian in hospital the next day.	*tomorrow → the next day*
"He had a car crash yesterday."	She explained he had had a car crash the day before.	*yesterday → the day before*
"He took his driving test only last week."	He had taken his driving test only the week before.	*last week/month/year → the week/month/year before*
"He bought his car only two days ago."	He had bought his car only two days before.	*two minutes/days/weeks ago → two minutes/days/weeks before*
Julian: "It's very boring here."	Julian said it was very boring there.	*here → there*

Weitere Anpassungen:
this → that
now → then/at that moment

237 Indirekte Rede: Anpassung der Pronomen — Reported speech: adjustment of pronouns

"**I**'ve ordered a new car – **my** old one's broken down."	She said **she**'d ordered a new car as **her** old one had broken down.
"Oh Mum, **you** promised to buy **us** new bikes."	Her sons protested that **she** had promised to buy **them** new bikes.

Auch Personalpronomen und Possessivbegleiter/-pronomen müssen dem Standpunkt des „Berichterstatters" angepaßt werden.

238 Indirekte Fragesätze — Indirect questions

Indirekte Fragesätze werden durch bestimmte Verben eingeleitet.

Dazu gehören:

ask, want to know, wonder

Direkte Frage	Indirekte Frage
"**When do the shops close** in Britain?"	My pen-friend asked me **when the shops closed** in Britain.
"**Is it true** that some shops stay open all night?" "**Will you come** shopping with me?"	He wanted to know whether it was true that some shops stayed open all night. He wondered **if** I would come shopping with him.

Auch bei indirekten Fragen treten Veränderungen auf:
- bei der Umschreibung mit *do*
- bei der Wortstellung
- Rückverschiebung der Zeitformen

Indirekte Entscheidungsfragen (▷ 17–21) werden mit den Konjunktionen *if* oder *whether* eingeleitet.
if/whether = „ob"

239 Indirekte Aufforderungssätze — Indirect imperatives

Eine Aufforderung oder Bitte wird in der indirekten Rede mit einer Infinitivkonstruktion wiedergegeben (▷ 127).

Direkte Rede		Indirekte Rede				
"Close	the door please."	She	**asked**	me	**to close**	the door.
"Give	me the keys!"	I	**told**	him	**to give**	me the keys.
"Let	me drive, John."	Madge	**asked**	John	**to let**	her drive.
"Don't be	silly!"	She	**told**	him	**not to be**	silly.

Kapitel 11 Präpositionen Prepositions

Die meisten englischen Präpositionen bestehen aus einem Wort, zum Beispiel *in, on, to, from*. Es gibt aber auch Präpositionen, die aus zwei oder mehreren Wörtern bestehen, zum Beispiel *because of, next to, in front of, by means of.* Eine englische Präposition hat oft unterschiedliche Entsprechungen im Deutschen.

40 Allgemeiner Gebrauch von Präpositionen General use of prepositions

Für den Gebrauch von Präpositionen gibt es keine allgemeingültigen Regeln. Vielen Präpositionen, die in räumlichem oder zeitlichem Zusammenhang auftreten, kann man zwar eine gewisse „Grundbedeutung" zuordnen. Die Verwendung von Präpositionen ist aber so vielfältig, daß es falsch wäre, diese eine Bedeutung zu sehr hervorzuheben. Ein Beispiel soll dies verdeutlichen:

She felt ill so she stayed **in** bed.
Where's George? – Oh, he's **in** Brazil at the moment.

Die Präposition *in* mit räumlicher Bedeutung vermittelt die Vorstellung des Enthaltenseins und entspricht meistens dem deutschen „in".

What's that **in** the sky? – It looks like a helicopter.
There were thousands of people **in** the streets.
What can you see **in** the picture?

Was ist das am Himmel? – Es sieht aus wie ein Hubschrauber.
Tausende von Menschen waren auf der Straße.
Was kannst du auf dem Bild erkennen?

Aber auch im räumlichen Bereich gibt es im Englischen Wendungen mit *in*, die von der deutschen Vorstellung von Enthaltensein abweichen.

Please write **in** ink.
He's very interested **in** horses.
Harry was **in** good health when I last saw him.

Bitte schreiben Sie mit Tinte.
Er interessiert sich sehr für Pferde.
Harry war bei bester Gesundheit, als ich ihn zuletzt sah.

Wenn man die räumliche Ebene verläßt, ist es nicht mehr möglich, einen Zusammenhang mit „Enthaltensein" zu erkennen.

Es war mein erster Besuch **in** Amerika.
It was my first visit **to** America.

Umgekehrt verwendet man das deutsche „in", wo das englische *in* nicht gebraucht wird.

Präpositionen müssen in Verbindung mit den dazugehörigen Wörtern gelernt werden: *a visit to . . ., interested in . . .*
Da es keine allgemeingültigen Regeln gibt, beschränken wir uns hier auf eine Beschreibung von einigen häufigen Wendungen mit Präpositionen.

241 Räumliche Präpositionen — Spatial prepositions

The little girl ran **across** the road.
Her mother was standing **in front of** the butcher's.
They went **into** the shop to get some meat.
When they came **out of** the shop, it had stopped raining.

Dazu gehören:

across, against, around, at, behind, beyond, down, from, in front of, in, into, near, next to, off, on, onto, out of, over, through, to, under, up

242 Zeitliche Präpositionen — Temporal prepositions

We were home **at** 6 o'clock.
Can we meet again **on** Monday?

Dazu gehören:

about, after, at, by, during, for, from, in, on, since, till/until

243 Präpositionen zum Ausdruck der Art und Weise und des Grundes — Prepositions in expressions of manner and reason

I always go to work **by** bus.

Mr Collins thanked his daughter **for** taking him to the airport.
● The plane was delayed **due to** fog.

● Das Flugzeug hatte wegen Nebel Verspätung.

Art und Weise:

by, by means of, with, without

Grund:

because of, due to, for

244 Präpositionen in übertragener Bedeutung

Viele Präpositionen werden nicht in ihrer „Grundbedeutung" zum Ausdruck von räumlichen oder zeitlichen Verhältnissen, sondern im übertragenen Sinn verwendet. Sie dienen dazu, Verbindungen zwischen einzelnen Wörtern oder Wortgruppen herzustellen. Sie treten in Verbindung mit Adjektiven, Verben oder Nomen auf und haben je nach Zusammenhang unterschiedliche Entsprechungen im Deutschen.

I'm very interested	**in**	astronomy.	Ich interessiere mich sehr für Astronomie.
I don't believe	**in**	Father Christmas.	Ich glaube nicht an den Weihnachtsmann.
There's no sense	**in**	waiting any longer.	Es hat keinen Sinn, länger zu warten.

45 Häufige Präpositionen und ihre deutschen Entsprechungen

Some common prepositions and their German equivalents

about

It was **about** ten o'clock before she arrived.	Es war **ungefähr** zehn Uhr, als sie schließlich ankam.
He's always talking **about** money.	Er redet immer **vom** Geld.
What are you laughing **about**?	Wor**über** lachst du?
This book is **about** British politics.	In diesem Buch geht es **um** die britische Politik.

at

I met her **at** the butcher's.	Ich habe sie **beim** Metzger getroffen.
I have dinner **at** school.	Ich esse **in** der Schule zu Mittag.
There will be a meeting **at** 10.30.	**Um** 10.30 Uhr gibt es eine Besprechung.
What are you doing **at** Christmas?	Was machst du **zu** Weihnachten?

by

I'd like you all to be here **by** 7 o'clock at the latest.	Ich möchte, daß Sie alle **bis** spätestens 7 Uhr hier sind.
Will you be coming **by** car?	Kommen Sie **mit** dem Auto?
The best way to cure your ulcer is **by** a simple operation.	Ihr Geschwür ist am besten **durch** eine einfache Operation zu heilen.
John made it all **by** himself.	John hat es ganz alleine gemacht.
Where are my glasses? – Over there **by** the radio.	Wo ist meine Brille? – Da drüben **neben** dem Radio.
"King Lear" is a drama **by** Shakespeare.	„King Lear" ist ein Drama **von** Shakespeare.

for

He will be in Berlin **for** two weeks.	Er wird **für** zwei Wochen/zwei Wochen **lang** in Berlin sein.
Why don't you come round **for** a cup of tea some time?	Warum kommen Sie nicht mal **auf** eine Tasse Tee vorbei?
Hang on! Wait **for** me!	Moment mal! Warte doch **auf** mich!
Is this the train **for** Liverpool?	Ist das der Zug **nach** Liverpool?

in

Derrick lives **in** Stuttgart.	Derrick lebt **in** Stuttgart.
Mary Mead was born **in** 1965.	Mary Mead wurde **im** Jahre 1965 geboren.
I hope you are all **in** good health.	Ich hoffe, daß Ihr alle **bei** guter Gesundheit seid.
He's **in** the army now.	Er ist jetzt **beim** Militär.
Frances is very interested **in** horses.	Frances interessiert sich sehr **für** Pferde.
In my opinion Smith's a fool.	Meiner Meinung **nach** ist Smith ein Idiot.
The letter was written **in** pencil.	Der Brief war **mit** Bleistift geschrieben.

on

Do you know that shop **on** the corner of Bridge Street?	Kennst du das Geschäft **an** der Ecke der Bridge Street?
See you **on** Friday!	**Bis** Freitag!
No thank you, we're not allowed to drink **on** duty.	Nein danke, wir dürfen **im** Dienst keinen Alkohol trinken.
This round's **on** me.	Diese Runde geht **auf** meine Rechnung.
Prof. Thomas is giving a lecture **on** crabs today.	Professor Thomas hält heute eine Vorlesung **über** Krebse.

to

We're going **to** Malta for our holidays.	Wir fahren **nach** Malta in Urlaub.
I've never been **to** Glasgow.	Ich war noch nie **in** Glasgow.
What time is it? – (A) quarter **to** ten.	Wie spät ist es? – Viertel **vor** zehn.
I've been talking **to** George.	Ich habe **mit** George gesprochen.
I'd like to invite you **to** our party next weekend.	Ich möchte euch **zu** unserer Fete nächstes Wochenende einladen.

Kapitel 12 Fehler-Hitliste Top of the flops

Deutsche Sprecher haben im Englischen erfahrungsgemäß Schwierigkeiten mit einigen Wörtern, Wendungen und Strukturen. In der folgenden Liste haben wir einige Fälle zusammengestellt, die immer wieder zu Fehlern führen.
Sie können die Fehler-Hitliste zum Nachschlagen, aber auch zum Lernen benutzen. Wenn Sie überprüfen möchten, ob Sie die angeführten Schwierigkeiten beherrschen, gehen Sie so vor: Decken Sie entweder die linke oder die rechte Spalte zusammen mit der Erklärung in der Mitte ab und versuchen Sie, die englische oder die deutsche Entsprechung zu finden.

Folgende Beispiele haben wir in die Liste aufgenommen:

als
auch/auch nicht
bei
bitte
der/die/das
diese
es gibt
gut
haben/nicht haben
lassen
mich/dich
müssen/nicht müssen
nächste (r/s)
nicht wahr
noch
schon
seit
sie
sollen/sollten
um
uns
viel(e)
von
vor
während
wenn
wer/wen
werden
wie
wollen
wollen, daß

Verbformen/Zeitformen

als

Als ich gestern ankam, war meine Frau schon da.	zeitlich → *when* (▷ 219)	**When** I arrived yesterday, my wife was already there.
Sie ist größer **als** ich.	beim Vergleich → *than* (▷ 188)	She is taller **than** me.
Ich sage dir dies **als** Freund.	„in der Eigenschaft als" → *as*	I'm telling you this **as** a friend.

auch/auch nicht

Ich schwimme **auch** gern.	auch → *too*	I like swimming, **too**.
Ich schwimme **auch nicht** gern.	auch nicht → *not ... either* (▷ 12)	I do**n't** like swimming **either**.

bei

Harry ist **beim** Arzt. Ich wohne **bei** einem Freund.	„im Haus von" → *at*	Harry is **at** the doctor's. I'm staying **at** a friend's.
Jane arbeitet **bei** Brown.	„arbeiten bei" → *for*	Jane works **for** Brown's.
Hast du die Bilder **bei** dir?	„dabei" → *with*	Have you got the pictures **with** you?
Besuchen Sie London **bei** Nacht.	„bei Tag", „bei Nacht" → *by*	Visit London **by** night.

bitte

Entschuldigung! – **Bitte**!	auf eine Entschuldigung → verschiedene Möglichkeiten	Sorry! – **That's all right**. – **It doesn't matter**.
Danke. – **Bitte**!	auf Dank → verschiedene Möglichkeiten	Thank you. – **You're welcome**. – **Don't mention it**.
Können Sie mir **bitte** die Butter reichen?	als Bitte → *please*	Can you pass the butter, **please**?

der/die/das als Relativpronomen

Kennst du die Frau, **die** mit Herrn Roberts spricht?	bei Personen → *who, that* (▷ 172, 211)	Do you know the woman **who** is talking to Mr Roberts? Do you know the woman **that**'s talking to Mr Roberts?
Hast du von der Fabrik gehört, **die** abgebrannt ist?	bei Sachen → *which, that* Tip: Im Zweifelsfall *that*!	Have you heard about the factory **which** burnt down? Have you heard about the factory **that** burnt down?

diese

Diese Maschine ist schwer. **Diese** Maschinen sind schwer.	Singular → *this* Plural → *these* (▷ 170)	**This** machine is heavy. **These** machines are heavy.

es gibt

Es gibt nur eine Möglichkeit. **Es gibt** zwei Möglichkeiten.	Singular → *there is* Plural → *there are* (▷ 15)	**There is** only one possibility. **There are** two possibilities.

gut

Deutsch		Englisch
Das ist ein sehr **gutes** Ergebnis. Das Essen war sehr **gut**.	als Adjektiv → *good* (▷ 189)	This is a very **good** result. The meal was very **good**.
Maradona hat **gut** gespielt. Er wird sehr **gut** bezahlt.	als Adverb → *well*	Maradona played **well**. He is very **well** paid.
Die neue Anlage klingt **gut**. Diese Suppe schmeckt **gut**.	nach Verben der Wahrnehmung → *good* (▷ 185)	The new equipment sounds **good**. This soup tastes **good.**

haben/nicht haben

Deutsch		Englisch
Haben Sie jedes Jahr ein Treffen? Er **hat nicht** viel zu sagen.	*have* als Vollverb bei Frage und Verneinung → Umschreibung mit *do*	**Do** you **have** a meeting every year? He **doesn't have** much to say.

lassen

Deutsch		Englisch
Komm, **laß** mich doch fahren.	„zulassen", „erlauben" = *let*	Come on, **let** me drive.
Unser Chef **läßt** uns sehr hart arbeiten.	„jemanden zu etwas veranlassen" = *make someone do something* (▷ 132)	Our boss **makes** us **work** very hard.
Hast du dir die Haare schneiden **lassen**? Jeden Herbst **lasse** ich meine Scheinwerfer überprüfen.	„veranlassen, daß etwas getan wird" = *have something done* (▷ 132)	**Have** you **had** your hair **cut**? I **have** my headlights **checked** every autumn.
Er **ließ** seinen Wagen in der John Street stehen.	„zurücklassen" = *leave*	He **left** his car in John Street.

mich/dich

Deutsch		Englisch
Ich mag **dich**. Magst du **mich** auch?	Personalpronomen Objektfall → *me, you* (▷ 159)	I like **you**. Do you like **me**, too?
Bedien' **dich**. Ich habe **mich** hervorragend amüsiert.	Reflexivpronomen → *myself, yourself* (▷ 169)	Help **yourself**. I enjoyed **myself** immensely.
Erinnerst du **dich** an Harry?	Verb im Englischen nicht reflexiv (▷ 35)	Do you remember Harry?

müssen/nicht müssen

Deutsch	Erklärung	English
Mußt du schon gehen? Du **mußt** uns mal besuchen.	„müssen“ = *have to* (▷ 114, 116) „müssen“ = *must*	Do you **have to** go already? You **must** come and visit us sometime.
Wir **mußten** sehr still sein. Wir **werden** neue Maschinen kaufen **müssen**.	*Past Tense* → *had to* *Future* → *will have to*	We **had to** be very quiet. We **will have to** buy new machines.
Ihr Klient **muß** den Vertrag **nicht** lesen, er muß nur unterschreiben.	„nicht müssen“ = *don't have to* Tip: *have to* ist ein Vollverb und muß mit *do* umschrieben werden (▷ 9,20).	Your client **doesn't have to** read the contract, he only has to sign it.
Das **darfst** du **nicht** machen.	„nicht dürfen“ = *must not* (▷ 115)	You **mustn't** do that.

nächste(r/s)

Deutsch	Erklärung	English
Wann geht der **nächste** Zug? Wo ist die **nächste** Telefonzelle?	zeitlich → *next* räumlich → *nearest*	When's the **next** train? Where's the **nearest** telephone box?

nicht wahr

Deutsch	Erklärung	English
Grammatik macht Spaß, **nicht wahr**? Du haßt Grammatik, **nicht wahr**?	Frageanhängsel (▷ 23)	Grammar is fun, **isn't it**? You hate grammar, **don't you**?

noch

Deutsch	Erklärung	English
Ich habe Irene **noch nicht** gesehen.	„noch nicht“ → *not ... yet* (▷ 60)	I have**n't** seen Irene **yet**.
Ich glaube, sie ist **noch** im Bett.	„immer noch“ → *still*	I think she's **still** in bed.
Sein neues Lied ist **noch** besser.	„noch“ + Steigerungsform → *even*	His new song is **even** better.
Wir haben **weder** die Zeit **noch** das Geld, in Urlaub zu fahren.	„weder ... noch“ → *neither ... nor* (▷ 207)	We have **neither** the time **nor** the money to go on holiday.

schon

– Hast du den Brief **schon** geschrieben? – Ja, ich habe ihn **schon** abgeschickt.	„schon" in Fragen → *yet* (▷ 60) „schon" in bejahten Aussagen → *already*	– Have you written the letter **yet**? – Yes, I've **already** posted it.

seit

Ich kenne sie **seit** fünf Jahren. Ich kenne sie **seit** 1982.	„seit" + Zeitraum → *for* „seit" + Zeitpunkt → *since* (▷ 60)	I've known her **for** five years. I've known her **since** 1982.

sie

Das ist Joan. **Sie** ist nett. Ich mag **sie**. Herr und Frau Green wohnen nebenan. **Sie** sind nett. Ich mag **sie**. – Schau dir diese Ohrringe an. Ich möchte **sie** kaufen. – Aber **sie** sind unheimlich teuer!	eine weibliche Person → „sie" = *she/her* Personen oder Sachen → „sie" = *they/them* (▷ 161)	That's Joan. **She**'s nice. I like **her**. Mr and Mrs Green live next door. **They**'re nice. I like **them.** – Look at these earrings. I'd like to buy **them**. – But **they**'re terribly expensive!
Sie sind nett. Ich mag **Sie**.	persönliche Anrede → „Sie" = *you*	**You**'re nice. I like **you**.
Diese Maschine ist sehr gut. Ich werde **sie** kaufen.	eine Sache → „sie" = *it* (▷ 163)	This machine is very good. I'll buy **it**.

sollen/sollten hat im Englischen mehrere Entsprechungen.

Der Arzt sagt, Sie **sollen** draußen warten.	*be to*	(▷ 117)	The doctor says you **are to** wait outside.
Sie **sollten** zum Arzt gehen.	*should/ought to*	(▷ 111)	You **should/ought to** see a doctor.
Das Konzert **sollte** um sieben Uhr anfangen, und jetzt ist es acht.	*be supposed to*	(▷ 118)	The concert **was supposed to** start at seven o'clock and now it's eight.
Sie **soll** sehr reich sein.	*be said to*	(▷ 93)	She **is said to** be very rich.
Soll ich dir helfen?	*shall*	(▷ 110)	**Shall** I help you?

um

– Wann kommst du morgen? – **Um** vier Uhr. – Und wann kommt Chris? – So **um** sechs **herum**. Es kamen **um** die 200 Zuschauer. Der Bus kam gerade **um** die Ecke.	genauer Zeitpunkt → *at* (▷ 214, 245) ungefährer Zeitpunkt/ungefähre Zahl → *about* (▷ 245) räumlich → *round*	– What time are you coming tomorrow? – **At** four o'clock. – And when's Chris coming? – **About** six. There were **about** 200 spectators. The bus was coming **round** the corner.

uns

Sie hat **uns** gesehen! Wir haben **uns** hervorragend amüsiert. Wir haben **uns** in London kennengelernt.	Personalpronomen Objektfall → *us* (▷ 159) Reflexivpronomen → *ourselves* (▷ 35, 169) „einander" → *each other, one another* (▷ 183)	She's seen **us**! We enjoyed **ourselves** immensely. We met **each other** in London.

viel(e)

Er hat **viel** Geld. Ich habe nicht **viel** Zeit. Er hat **viele** Bücher. Ich kenne nicht **viele** Engländer. **Wieviel** Brot haben wir noch?	„viel" = *a lot of, much* (nichtzählbar) „viele" = *a lot of, many* (▷ 181) (zählbar) „wieviel(e)" = *how much/how many*	He's got **a lot of** money. I haven't got **much** time. He's got **a lot of** books. I don't know **many** English people. **How much** bread have we got left?

von

Teile **von** diesem Gebäude sind restauriert worden. Das ist der Sohn **von** unserer Nachbarin. „Hamlet" wurde **von** Shakespeare geschrieben. Ich komme gerade **von** der Arbeit.	Zugehörigkeit → *of* (▷ 151) bei Personen → *'s* (▷ 150) beim Passiv → *by* (▷ 90) Richtung → *from*	Parts **of** this building have been restored. This is our neighbour**'s** son. "Hamlet" was written **by** Shakespeare. I've just come **from** work.

vor

Deutsch			English
Können Sie **vor** dem Mittagessen hier sein?	zeitlich	→ *before*	Can you be here **before** lunch?
Vor dem Buckingham Palast stehen Wachsoldaten.	räumlich	→ *in front of*	Guards stand **in front of** Buckingham Palace.
Wir haben uns **vor** drei Jahren kennengelernt.	Zeitpunkt, der zurückliegt	→ *... ago*	We met three years **ago**.

während

Deutsch			English
Was hast du gemacht, **während** ich einkaufen war?	„während" + Verb	→ *while*	What were you doing **while** I was shopping?
Was machst du morgen **während** der Mittagspause?	„während" + Nomen	→ *during*	What are you doing **during** the lunch hour tomorrow?

wenn

Deutsch			English
Wenn ich Jim sehe, dann sage ich es ihm. (Ich weiß nicht, ob ich ihn treffe.)	als Bedingung	→ *if*	**If** I see Jim, I'll tell him.
Ich werde es Jim sagen, **wenn** ich ihn heute abend sehe. (Ich treffe ihn auf jeden Fall.)	als zeitliche Bestimmung	→ *when*	I'll tell Jim **when** I see him tonight.

Tip: „wenn" = „falls" → *if*

wer/wen

Deutsch		English
Wer hat dich gesehen?	„wer" ist Subjekt → keine Umschreibung mit *do* (▷ 22)	**Who** saw you?
Wen hast du gesehen?	„wen" ist Objekt → Umschreibung mit *do* (▷ 22)	**Who** did you see?

werden

Deutsch				English
Ich **werde** dir morgen helfen.	Zukunft	→ *will*	(▷ 72)	I'**ll** help you tomorrow.
Die Computer **wurden** gestern geliefert.	Passiv	→ *be*	(▷ 89)	The computers **were** delivered yesterday.
Es **wird** jetzt dunkel.	Vorgang	→ *get*	(▷ 47)	It'**s getting** dark.

wie

Wie geht's deiner Mutter?
Wie war Ihr Name noch mal?
Wie war das Wetter?
Wie wäre es mit einem Kaffee?
Er war **wie** ein Vater zu mir.
Das Konzert war nicht so gut **wie** letztes Mal.
Ich sah, **wie** ein Mann eine Uhr unter seinem Mantel versteckte.

→ verschiedene Entsprechungen beim Fragewort

Vergleich → *like*
„so ... wie" → *as ... as* (▷ 188)

Verb der Wahrnehmung + „wie"
→ Verb + *-ing*-Form
→ Verb + Infinitiv (▷ 138)

How's your mother?
What was your name again?
What was the weather **like**?
What about a coffee?/**How about** a coffee?
He was **like** a father to me.
The concert wasn't **as** good **as** last time.
I saw a man hiding/hide a watch under his coat.

wollen

Ich **will** Sie sofort sprechen.

Ich **will** eigentlich nicht hingehen, aber ich werde da sein.
Will sie dich heiraten?

„wollen" = *want (to)*

Tip: *want* ist ein Vollverb, also Umschreibung mit *do*!

I **want to** speak to you at once.
I **don't** really **want to** go but I'll be there.

Does she **want to** marry you?

wollen, daß

Sie **wollten, daß ich** am nächsten Tag wiederkomme.

want + Objekt + *to*-Infinitiv (▷ 127)

They **wanted me to** come back the next day.

Verbformen/Zeitformen

- **Fragen** werden häufig mit *do* umschrieben (▷ 18, 22).

Sprechen Sie Englisch?
Wo arbeitet er?
Was machen Sie beruflich?
Was hast du gestern gemacht?

do/does + Infinitiv

Tip: *do* kann ein zweites Mal als Vollverb auftreten.

Do you **speak** English?
Where **does** he **work**?
What **do** you **do** for a living?
What **did** you **do** yesterday?

- **Verneinung** Bei der Verneinung wird häufig mit *do* umschrieben (▷ 7).

Deutsch	Erläuterung	Englisch
Sie mag mich nicht. Ich mache überhaupt keinen Sport. Wir machen nicht viel am Wochenende.	*don't/doesn't* + Infinitiv Tip: *do* kann auch als Vollverb auftreten.	She **doesn't like** me. I **don't do** any sports at all. We **don't do** very much at the weekend.

- **Present Simple**

Deutsch	Erläuterung	Englisch
Es sieht gut aus, es schmeckt gut, und es tut dir gut.	*he/she/it* + *-s*	**It** look**s** good, it taste**s** good and it do**es** you good.

- **Continuous Form**

Deutsch	Erläuterung	Englisch
Was machst du da?	im Moment (▷ 53)	What **are** you **doing**?
Sie fährt morgen nach Italien.	zukunftsbezogen (▷ 75)	She**'s going** to Italy tomorrow.
Ich reparierte gerade die Bremsen, als ein Polizist um die Ecke kam und mich fragte, was ich mache.	Handlung im Ablauf (▷ 57)	I **was repairing** the brakes when a policeman came round the corner and asked me what I **was doing**.

- **Present Perfect**

Deutsch	Erläuterung	Englisch
Wie lange hast du dieses alte Auto schon?	nicht abgeschlossener Zustand (▷ 60)	How long **have** you **had** that old car?
Es ist immer das gleiche mit diesen Ämtern. Ich warte hier schon seit zwei Stunden.	im Moment noch andauernde Handlung (▷ 62)	It's always the same with these offices. I**'ve been waiting** here for two hours.

- **Present Perfect/Past** Diese Zeitformen sind im Englischen nicht beliebig austauschbar.

Deutsch	Erläuterung	Englisch
Ich habe letzte Woche einen Brief an das Gericht geschrieben.	Vorgang in der abgeschlossenen Vergangenheit → *Past* (▷ 64)	I **wrote** a letter to the court last week.
Wie oft warst du in England? Wie oft bist du in England gewesen?	*how long/how often ...* + *Present Perfect*	How often **have** you **been** to Britain?

- **Future**

Meine Mutter kommt morgen.	*Present Continuous*	(▷ 75)	My mother**'s coming** tomorrow.
Ich kaufe nächste Woche einen neuen Wagen.	*going to-Future*	(▷ 74)	I**'m going to buy** a new car next week.
Ich werde am Bahnhof auf dich warten.	*Future Continuous*	(▷ 77)	I**'ll be waiting** for you at the station.
Ich bin sicher, daß das Konzert ein Erfolg sein wird.	*will-Future*	(▷ 72)	I'm sure the concert **will be** a success.
Der Bus fährt um 17.30.	*Present Simple*	(▷ 78)	The bus **leaves** at half past five this evening.

- **Formen mit *would***

Wenn ich so viel **arbeiten würde** wie du, **wäre** ich schon längst verrückt.	Kein *would* im *if*-Teil! (▷ 231)	If I **worked** as much as you, I**'d** be crazy by now.

hätte(n)

Wenn wir mehr Geld **hätten**, dann **hätten** wir jetzt eine größere Wohnung.	im *if*-Teil → *had* im Hauptsatz → *would have* (▷ 232)	If we **had** more money, we **would have** a bigger flat now.

wäre(n)

Wenn das Wetter schön **wäre**, **wären** wir heute nicht zu Hause.	im *if*-Teil → *was/were* im Hauptsatz → *would be* (▷ 231)	If the weather **was** nice, we **wouldn't be** at home today.

würde(n)

Wenn du jetzt **gehen würdest**, **würdest** du noch rechtzeitig **ankommen**.	im *if*-Teil → *Past Tense* im Hauptsatz → *would* (▷ 231)	If you **left** now, you **would get** there on time.

Anhang 1 Zahlen, Datum, Uhrzeit, Maße und Gewichte — Numbers, dates, time of the day, weights and measures

1 ↓ 10

1 Zahlen — Numbers

1 Grundzahlen — Cardinal numbers

0	nought, zero				
1	one	11	eleven	21	twenty-one
2	two	12	twelve	22	twenty-two
3	three	13	thir**teen**	30	thir**ty**
4	four	14	four**teen**	40	for**ty**
5	five	15	fif**teen**	50	fif**ty**
6	six	16	six**teen**	60	six**ty**
7	seven	17	seven**teen**	70	seven**ty**
8	eight	18	eigh**teen**	80	eigh**ty**
9	nine	19	nine**teen**	90	nine**ty**
10	ten	20	twen**ty**	100	a/one hundred

101	a/one hundred and one
182	a/one hundred and eighty-two
336	three hundred and thirty-six
● 1,000	a/one thousand
● 18,213	eighteen thousand two hundred and thirteen
100,000	a/one hundred thousand
1,000,000,000	a billion

Ab *one thousand* werden Zahlen in Dreiergruppen aufgeführt. Diese Dreiergruppen werden – im Gegensatz zum Deutschen – häufig durch Komma getrennt.

- ● 1 000 (1.000)
- ● 18 213 (18.213)

Andere Schreibweise im Deutschen

2 Ordnungszahlen Ordinal numbers

Grundzahl	Ordnungszahl	Abkürzung
four six seven ten eleven	four**th** six**th** seven**th** ten**th** eleven**th**	4**th** 6**th** 7**th** 10**th** 11**th**
five eight nine twelve	**fifth** **eighth** **ninth** **twelfth**	5th 8th 9th 12th
one two three	fir**st** seco**nd** thi**rd**	1**st** 2**nd** 3**rd**
twent**y** thirt**y** fort**y** ninet**y**	twent**ie**th thirt**ie**th fort**ie**th ninet**ie**th	20th 30th 40th 90th
twenty-one twenty-four eighty-nine	twenty-first twenty-fourth eighty-ninth	21st 24th 89th
hundred thousand	hundredth thousandth	100th 1,000th

Grundregel:

Grundzahl + *th*

Besonderheiten der Rechtschreibung

Die ersten drei Ordnungszahlen sind unregelmäßig.

Für die Zehnerzahlen (20 bis 90) gilt:
-y wird zu *-ie*.

3 Häufigkeitszahlen Frequency numbers

three times four times ten times	dreimal viermal zehnmal
once (one time) twice (two times)	einmal zweimal

Grundregel:

Zahl + *times*

one time und *two times* kommen im amerikanischen Englisch häufig vor.

4 Brüche Fractions

1/3	$\frac{1}{3}$	a/one third	ein Drittel
1/8	$\frac{1}{8}$	a/one eighth	ein Achtel
3/5	$\frac{3}{5}$	three fifths	
11/16	$\frac{11}{16}$	eleven sixteenths	
2 3/7	$2\frac{3}{7}$	two and three sevenths	
1/2	$\frac{1}{2}$	a/one half	ein halb
1/4	$\frac{1}{4}$	a/one quarter	ein Viertel
1 1/2	$1\frac{1}{2}$	one and a half	
2 3/4	$2\frac{3}{4}$	two and three quarters	

Zwei verschiedene Schreibweisen sind möglich:

1/3 oder $\frac{1}{3}$.

5 Dezimalzahlen Decimals

• 0.25	point two five nought point two five zero point two five
5.06 6.32	five point oh six six point three two

• 0,25

Im Englischen Abtrennung durch einen Punkt

Im Deutschen Abtrennung durch ein Komma

6 Mathematische Operationen — Mathematical operations

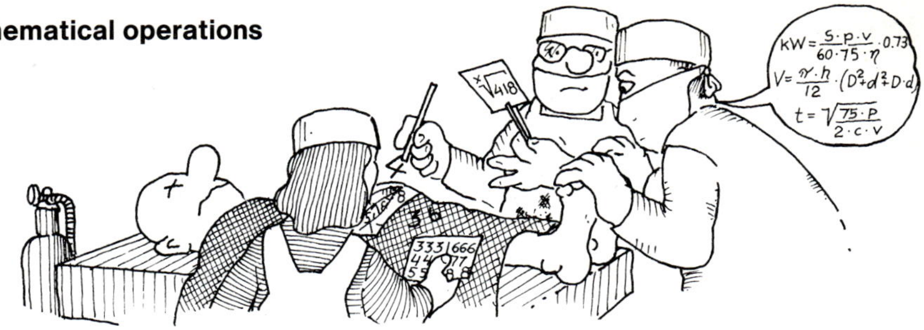

5 + 12 = 17	Five **and** twelve **is** seventeen. Five **plus** twelve **equals** seventeen.
28 − 13 = 15	Thirteen **from** twenty-eight **is** fifteen. Twenty-eight **minus** thirteen **equals** fifteen.
7 × 8 = 56	Seven **eights are** fifty-six. Seven **times** eight **is** fifty-six. Seven **multiplied by** eight **equals** fifty-six.
• 52 ÷ 4 = 13	Fifty-two **divided by** four **is** thirteen. Fifty-two **divided by** four **equals** thirteen.

Von den angeführten Möglichkeiten ist die jeweils letzte eher formell und wird in der Mathematik verwendet.

• 52 : 4 = 13

Andere Schreibweise im Deutschen

7 Das Symbol 0 — The symbol 0

Je nachdem, in welchem Zusammenhang das Symbol 0 auftritt, wird es unterschiedlich bezeichnet:

5 − 5 = 0 Five minus five is nought. Five minus five is zero.	Zahlenwert 0 = *nought* (im britischen Englisch) Zahlenwert 0 = *zero* (vor allem im amerikanischen Englisch)
Zero degrees centigrade is thirty-two degrees Fahrenheit.	Nullpunkt einer Skala = *zero*
– What's your account number? – Two five oh six oh eight (250608).	Wird eine Zahlenfolge Zahl für Zahl genannt, wird 0 als *oh* [əʊ] ausgesprochen.
– When was your father born? – In nineteen oh nine (1909).	Bei Jahreszahlen kann 0 als *oh* [əʊ] ausgesprochen werden.

8 Telefonnummern Telephone numbers

306 822	three oh six eight double two

Telefonnummern werden meist in Dreiergruppen notiert und Zahl für Zahl genannt. Tritt eine Zahl zweimal hintereinander auf, verwenden wir das Wort *double*.

9 Datum Dates

Geschrieben	Gesprochen
2 November 1986 2 November, 1986 2nd November 1986 2nd November, 1986	the second of November nineteen eighty-six
November 2, 1986 November 2nd, 1986	November the second nineteen eighty-six
2/11/86	November the second *(British English)* February the eleventh *(American English)*

Im britischen Englisch wird – wie im Deutschen – zuerst der Tag und dann der Monat geschrieben, im amerikanischen Englisch zuerst der Monat und dann der Tag.

1800	eighteen hundred
1903	nineteen hundred and three
1988	nineteen eighty-eight
2000	two thousand

Bei Jahresangaben kann manchmal *hundred* entfallen.

10 Uhrzeit Time of the day

six o'clock/
six

(a) quarter past six/
six fifteen

twenty past six/
six twenty

half past six/
six thirty

twenty-five to seven/
six thirty-five

(a) quarter to seven/
six forty-five

five to seven/
six fifty-five

- What time are we meeting tomorrow?
- Is nine o'clock okay?
- Nine **in the morning**?
- No, no, nine **in the evening** of course.

Im Englischen ist die 24-Stunden-Zählung weniger üblich als im Deutschen. Um Mißverständnisse zu vermeiden, sind deshalb in der Umgangssprache Zusätze wie *in the morning, in the afternoon, in the evening* geläufig.

Englisch	Deutsch
1.00 a.m. = one a.m.	1.00 = ein Uhr nachts
7.00 a.m. = seven a.m.	7.00 = sieben Uhr morgens
11.00 a.m. = eleven a.m.	11.00 = elf Uhr morgens
12.00 a.m. = (twelve) noon/midday	12.00 = 12 Uhr mittags
1.00 p.m. = one p.m.	13.00 = ein Uhr mittags
7.00 p.m. = seven p.m.	19.00 = sieben Uhr abends
11.00 p.m. = eleven p.m.	23.00 = elf Uhr nachts
12.00 p.m. = midnight	24.00 = Mitternacht

Um Verwechslungen zu vermeiden, können vor allem im formellen Sprachgebrauch die Uhrzeiten durch den Zusatz *a.m.* oder *p.m.* präzisiert werden.

a.m. = von Mitternacht bis Mittag
p.m. = von Mittag bis Mitternacht

● – Your plane will leave Cologne at **fourteen forty** and will arrive in Tel Aviv at **twenty fifty**.
– Sorry – I didn't quite get that.
– Your plane will leave Cologne at **twenty to three** in the afternoon and will arrive in Tel Aviv at **ten to nine** in the evening.

● – Ihre Maschine fliegt um 14.40 Uhr von Köln und landet um 20.50 Uhr in Tel Aviv.

Im Reiseverkehr wird die 24-Stunden-Zählung gebraucht.

11 ↓ 17

Maße und Gewichte   Weights and measures

Seit Anfang der siebziger Jahre sind in Großbritannien Maß- und Gewichtsangaben zunehmend auf das auch in anderen europäischen Ländern gültige metrische System umgestellt worden.

11 Längenmaße   Linear measures

Metric system

1 millimetre	=	0.03937	inch
1 centimetre	=	0.3937	inch
1 metre	=	39.37	inches/3.2808 feet
1 kilometre	=	0.621	mile/3280.8 feet

Imperial system

1 inch Zoll		= 2.54	cm
1 foot Fuß	= 12 inches	= 30.48	cm
1 yard Yard	= 3 feet	= 91.44	cm
1 mile Meile	= 1760 yards	= 1.609	km

12 Flächenmaße   Square measures

Metric system

1 square centimetre Quadratzentimeter	=	0.155	square inch
1 square metre Quadratmeter	=	10.764 1.196	square feet square yards
1 hectare	=	2.471	acres
1 square kilometre	=	0.3861 247.1	square mile/ acres

Imperial system

1 square inch		= 6.452 sq cm
1 square foot	= 144 sq inches	= 929.029 sq cm
1 square yard	= 9 sq feet	= 0.836 sq m
1 acre	= 4840 sq yards	= 0.405 hectares
1 square mile	= 640 acres	= 2.588 sq km

13 Raummaße   Cubic measures

Metric system

1 cubic centimetre	=	0.061 cubic inch
1 cubic metre	=	35.315 cubic feet/ 1.308 cubic yards

Imperial system

1 cubic inch		= 16.387 cubic cm
1 cubic foot	= 1728 cubic in	= 0.028 cubic m
1 cubic yard	= 27 cubic ft	= 0.765 cubic m

14 Hohlmaße (Flüssigkeit) Measures of capacity (liquid)

Metric system

1 litre	= 1.760 pints
1 hectolitre	= 22 gallons

Imperial system

1 pint		= 0.568 l
1 quart	= 2 pints	= 1.136 l
1 gallon	= 4 quarts	= 4.546 l

15 Gewichte Weights

Metric system

1 gram(me)	
1 kilogram(me)	= 2.2046 pounds
1 tonne/metric ton	= 0.982 ton

Imperial system

1 ounce Unze		= 28.35 g
1 pound Pfund	= 16 ounces	= 453.59 g
1 stone	= 14 pounds	= 6.348 kg
1 ton	= 2240 pounds	= 1,016 kg

16 Amerikanische Maße US measures

In den U.S.A. wird im wesentlichen das gleiche System wie in Großbritannien benutzt. Einige Unterschiede gibt es jedoch bei den Hohlmaßen und bei den Gewichten:

1 US pint = 0.473 l
1 US gallon = 3.785 l

1 US ton = 2000 pounds = 907.18 kg

17 Abkürzungen Abbreviations

Längenmaße

mm = millimetre
cm = centimetre
m = metre
km = kilometre

in = inch
ft = foot
yd = yard
m = mile

Flächenmaße

sq = square
h = hectare

Hohlmaße

l = litre
hl = hectolitre

pt = pint
qt = quart
gal = gallon

Gewichte

g = gram(me)
kg = kilogram(me)

oz = ounce
lb = pound
t = ton

Anhang 2 Britisches Englisch – Amerikanisches Englisch / British English – American English

Das britische Englisch gerät immer mehr unter den Einfluß des amerikanischen Englisch. Was vor einigen Jahren noch als „typisch" amerikanisches Englisch gewertet wurde, hat heute möglicherweise einen festen Platz im britischen Englisch. Die nachfolgenden Ausführungen sollen daher auch nur als einige Beispiele für den **bevorzugten** Gebrauch bestimmter Vokabeln, der Rechtschreibung und von Strukturen verstanden werden.

18 Vokabeln

Britisches Englisch (BE)	Amerikanisches Englisch (AE)	Deutsch
autumn	fall	Herbst
bill	check	Rechnung
biscuits	cookies	Plätzchen, Kekse
chips	French fries	Pommes frites
the cinema	the movies	das Kino
clever	smart	klug, schlau
engine	motor	Motor (im Auto)
fellow/chap	guy	Kerl, Typ, Mann
flat	apartment	Wohnung
fortnight	two weeks	2 Wochen, 14 Tage
get, got, got	get, got, gotten	bekommen, werden
ground floor	first floor	Erdgeschoß
holiday(s)	vacation	Ferien, Urlaub
lift	elevator	Fahrstuhl
lorry	truck	LKW
motorway	highway/freeway/turnpike	Autobahn
pavement	sidewalk	Bürgersteig
petrol	gas(oline)	Benzin
post code	zip code	Postleitzahl
rubbish	trash/garbage	Abfall
shop	store	Geschäft
spirits	liquor	Spirituosen
sweets	candy	Süßigkeiten
torch	flashlight	Taschenlampe
underground	subway	U-Bahn
Monday to Friday	Monday through/thru Friday	Montag bis Freitag
once	one time	einmal
twice	two times	zweimal
2/11/86 = November 2nd, 1986	2/11/86 = February 11th, 1986	
650 = six hundred and fifty	650 = six hundred fifty	
3.20 = twenty past three	3:20 = twenty after three/ twenty past three	zwanzig nach drei
3.50 = ten to four	3:50 = ten of four/ten to four	zehn vor vier
five minus five is nought	five minus five is zero	fünf minus fünf ist null

Britisches Englisch	Amerikanisches Englisch	
travel – travel**l**ing quarrel – quarrel**l**ing dial – dial**l**ed	travel**i**ng quarrel**i**ng dial**e**d	*-l* wird im AE meist nicht verdoppelt.
cent**re** theat**re**	cent**er** theat**er**	BE *-re* – meist AE *-er*
behavi**our** col**our** neighb**our**	behavi**or** col**or** neighb**or**	BE *-our* – meist AE *-or*
dia**logue** cata**logue**	dia**log** cata**log**	BE *-ogue* – meist AE *-og*
real**ise**/real**ize** organ**ise**/organ**ize**	real**ize** organ**ize**	BE *-ise/-ize* – meist AE *-ize* (Ausnahme: BE/AE *advertise*)
anal**yse**	anal**yze**	BE *-yse* – AE *-yze*
defen**ce** offen**ce** progr**amme**	defen**se** offen**se** progr**am**	Einige weitere Unterschiede

BE – **Have** you **heard** the news?
– No, I **haven't**. Why? **Has** anything **happened**?
– Well, yes ...

AE – **Did** you **hear** the news?
– No, I **didn't**. **Did** anything **happen**?
– Well, yes ...

Im amerikanischen Englisch tritt häufiger *Past Simple* auf, wo im britischen Englisch *Present Perfect* steht (▷ 64–66). Das ist besonders dann der Fall, wenn Neuigkeiten oder Nachrichten übermittelt werden.

BE – Oh no! Tom **has just dropped** the bottle.
– Well, tell him to wipe the mess up.
– He'**s already done** so.

AE – Oh no! Tom **just dropped** the bottle.
– Well, tell him to wipe the mess up.
– He **already did**.

Auch mit *already, just, yet* kann im amerikanischen Englisch das *Past Simple* stehen.

BE **Have** you **got** the tickets?

AE **Do** you **have** the tickets?

Anstelle von *have got*-Fragen im britischen Englisch werden im amerikanischen Englisch *do* + *have*-Fragen gebraucht. *have got*-Fragen kommen im amerikanischen Englisch aber auch vor.

BE That was **really nice**.

AE That was **real nice**.

In informellen Situationen tritt im amerikanischen Englisch statt *really* manchmal *real* als Adverb vor einem Adjektiv auf.

Anhang 3 Besonderheiten

21 Unregelmäßige Verben Irregular verbs

In der folgenden Liste finden sich auch unregelmäßige Verben mit „Doppelformen“, das heißt solche Verben, die neben der unregelmäßigen auch eine regelmäßige Form besitzen.

be	was, were	been	sein
beat	beat	beaten	schlagen
become	became	become	werden
begin	began	begun	beginnen
bet	bet (betted)	bet (betted)	wetten
bite	bit	bitten	beißen
blow	blew	blown	blasen
break	broke	broken	(zer)brechen
bring	brought	brought	bringen
build	built	built	bauen
burn	burnt (burned)	burnt (burned)	brennen, sich verbrennen
buy	bought	bought	kaufen
catch	caught	caught	fangen
choose	chose	chosen	(aus)wählen
come	came	come	kommen
cost	cost	cost	kosten
cut	cut	cut	schneiden
deal	dealt	dealt	handeln von, sich befassen mit
dig	dug	dug	graben
do	did	done	tun
draw	drew	drawn	ziehen, zeichnen
dream	dreamt (dreamed)	dreamt (dreamed)	träumen
drink	drank	drunk	trinken
drive	drove	driven	fahren
eat	ate	eaten	essen
fall	fell	fallen	fallen
feed	fed	fed	füttern
feel	felt	felt	(sich) fühlen
fight	fought	fought	kämpfen
find	found	found	finden
fly	flew	flown	fliegen
forget	forgot	forgotten	vergessen
forgive	forgave	forgiven	vergeben
freeze	froze	frozen	(er)frieren
get	got	got/(AE) gotten	bekommen, werden
give	gave	given	geben
go	went	gone	gehen
grow	grew	grown	wachsen
hang	hung	hung	(auf)hängen
have	had	had	haben
hear	heard	heard	hören
hide	hid	hidden	verstecken
hit	hit	hit	schlagen
hold	held	held	halten

hurt	hurt	hurt	(sich) verletzen
keep	kept	kept	(be)halten
know	knew	known	wissen
lay	laid	laid	legen
lead	led	led	führen
learn	learnt (learned)	learnt (learned)	lernen
leave	left	left	(ver)lassen
lend	lent	lent	leihen
let	let	let	lassen
lie	lay	lain	liegen
light	lit (lighted)	lit (lighted)	beleuchten, anzünden
lose	lost	lost	verlieren
make	made	made	machen
mean	meant	meant	bedeuten, meinen
meet	met	met	treffen
pay	paid	paid	(be)zahlen
put	put	put	setzen, stellen, legen
read	read	read	lesen
ride	rode	ridden	reiten
ring	rang	rung	klingeln
rise	rose	risen	aufstehen
run	ran	run	laufen
say	said	said	sagen
see	saw	seen	sehen
sell	sold	sold	verkaufen
send	sent	sent	schicken
set	set	set	stellen
sew	sewed	sewn (sewed)	nähen
shake	shook	shaken	schütteln
shine	shone	shone	scheinen
shoot	shot	shot	(er)schießen
show	showed	shown (showed)	zeigen
shut	shut	shut	schließen
sing	sang	sung	singen
sink	sank	sunk	sinken
sit	sat	sat	sitzen
sleep	slept	slept	schlafen
smell	smelt (smelled)	smelt (smelled)	riechen
speak	spoke	spoken	sprechen
spell	spelt (spelled)	spelt (spelled)	buchstabieren
spend	spent	spent	ausgeben (Geld), verbringen
split	split	split	spalten, teilen
spoil	spoilt (spoiled)	spoilt (spoiled)	verderben
spread	spread	spread	aus-/verbreiten
stand	stood	stood	stehen
steal	stole	stolen	stehlen
stick	stuck	stuck	kleben
stink	stank	stunk	stinken
strike	struck	struck	schlagen
swear	swore	sworn	schwören
sweep	swept	swept	fegen
swim	swam	swum	schwimmen
take	took	taken	nehmen
teach	taught	taught	lehren

tear	tore	torn	zerreißen
tell	told	told	erzählen
think	thought	thought	denken
throw	threw	thrown	werfen
understand	understood	understood	verstehen
wake	woke	woken	wecken, aufwachen
wear	wore	worn	tragen (Kleider)
weep	wept	wept	weinen
win	won	won	gewinnen
write	wrote	written	schreiben

22 Kurzformen Short forms

Kurzformen treten in der gesprochenen Sprache und in der informellen Schriftsprache auf.

– Where are you? – We'**re** here in the kitchen. I'**m** peeling the potatoes and John'**s** fixing the salad.	*be* *'m = am* *'re = are* *'s = is*
It'**s** been a bad day at the stock exchange. Some people'**ve** lost a fortune. They'**d** believed that the boom would go on.	*have* *'ve = have* *'s = has* *'d = had*

Next time I'**ll** do the repairs myself. I'**d** help you if I could.	*'ll = will* *'d = would*

The dollar'**s** not worth anything anymore. It'**s** gone down to DM 1.64. If I'**d** known this, I'**d** have bought cheap dollars and sold them at the right time.	*'s* < *is* / *has* *'d* < *had* / *would*

There is**n't** anything you can do about it. It does**n't** matter how clever you are. You would**n't** understand it anyway.	*n't = not*
You **can't** do everything.	*can't = cannot*
I **won't** rely on anybody's advice anymore.	*won't = will not*
I **ain't** that sure.	*I ain't = I am not* → äußerst informell

23 Verdoppelung von Konsonanten

		aber:		
plan rob stop	planned robbed stopped	develop	developed	Vor bestimmten Endungen wird der vorangehende Konsonant verdoppelt, wenn
bud plan run stop	budding planning running stopping	flood plane	flooding planing	1. die Endung mit einem Vokal beginnt, z. B. bei Verben auf *-ed, -ing* Adjektiven auf *-able, -y, -er, -est* Nomen auf *-ance, -er*
regret fun sun wit big fat thin	regrettable funny sunny witty bigger, biggest fatter, fattest thinner, thinnest	blood	bloody	2. vor diesem Konsonanten ein einfacher Vokal steht, der kurz und betont ist.
admit remit begin swim	admittance remittance beginner swimmer			
occur prefer refer occur	occurred preferred referring occurrence	suffer pour appear	suffered pouring appearance	Verdoppelung von *-r* immer nach einfachem und betontem Vokal
control travel quarrel travel	controlled travelled quarrelling traveller			Verdoppelung von *-l* immer nach einfachem Vokal

Index

Der Index führt die wichtigsten Fundstellen behandelter Themen und Wörter auf. Die Zahlenangaben bezeichnen die **Seitenzahlen**.

A *a/an* 132, 134–135

about 193

Adjektiv 156–161
- oder Adverb? 162–163
- attributiver Gebrauch 156
- Gebrauch und Stellung 156–157
- + *to*-Infinitiv 113
- als Nomen 157
- prädikativer Gebrauch 156–157
- Steigerung 158–161

Adverb 162–173
- oder Adjektiv? 162–163
- Art und Weise 172
- Form 164
- Gebrauch 163
- Gradadverbien 172–173
- Häufigkeitsadverbien 171
- Orts- und Richtungsadverbien 170
- Satzadverbien 170
- satzverbindende Adverbien 171
- Steigerung 167–168
- Stellung 168–173
- Zeitadverbien 170–171

adverbiale Bestimmungen 15

adverbiale Nebensätze 181–184
- Art und Weise, Vergleich 183
- Einräumung 183
- Ergebnis 182
- Grund 183
- Ort und Richtung 182
- Zeit 181
- Zweck 182

Adverbialpartikel 34–35

a few, a little, a lot of 153–154

Aktiv und Passiv 74

all 147

all, every, each (Übersicht) 149

already 171

already + Present Perfect Simple 57, 60

although 183

always
- + Present Perfect Simple 60
- + Present Perfect oder Past 61

a. m. (bei Uhrzeit) 210

amerikanisches Englisch 213–215

any 149–150

anybody, anyone, anything 150

Artikel
- bestimmter Artikel 132–133
- unbestimmter Artikel 132, 134–135

as 183–184

as . . . as 168, 183–184

as if 183

as soon as 69

at 193

Aufforderung mit *let's* 29

Aufforderungssätze 12, 28–29, 190

Ausrufesätze 12, 30

Aussagesätze 12, 13–22

B *be*
- Bildung von Zeitformen mit *be* 39
- in Entscheidungsfragen 24
- + *-ing*-Form 44
- Passiv mit *be* 73
- primäres Hilfsverb 80
- verneint in Aussagesätzen 17
- Zustands- oder Handlungsverb? 47–48

be able to 82, 86–87

be afraid (in Kurzaussagen) 20

be allowed to 83, 89, 91

be supposed to 99–100

be to 99–100

because 183

Bedingungssätze (= *if*-Sätze) 184–186

before 69

believe (in Kurzaussagen) 20

bestimmter und unbestimmter Artikel 132–135

both 151

britisches und amerikanisches Englisch 213–215

Brüche 207

by
- im Passivsatz 75
- Präposition 70, 193

by the time 69

C *can, could* 82–84, 86–90

cannot 97

Conditional Perfect Simple 40, 72

Conditional Simple 40, 71

Continuous Form 41–45
- Present 51, 67
- Past 54
- Past Continuous und Past Simple 54–55
- Present Perfect 58
- Present Perfect (Continuous/Simple) 59
- Past Perfect 64
- Future 67–68

D Datum 209

Demonstrativbegleiter und -pronomen 142–143

Dezimalzahlen 207
direktes Objekt 32
  und indirektes Objekt 14–15, 32–33
do/does
  Entscheidungsfragen 23
  Frageanhängsel 26, 80
  Fragesätze mit Fragewörtern 25
  primäres Hilfsverb 80
  + Infinitiv 28, 80
don't 29

E *each, every, all* 148–149
each other 155
-*ed*-Endung 44
  Partizip Perfekt 107
  Past Simple 52
einfacher Satz 12–30
either 19, 151
either . . . or 175
Entscheidungsfragen 23–24
Ergänzungen
  adverbiale Bestimmungen 15
  Objektkomplement 38
  reflexives Objekt 36, 141
  Stellung 14
  Subjektkomplement 37
  des Verbs 31–38
Ersatzformen der modalen Hilfsverben 82–83
Ersatzwort *one/ones* 154
ever
  + Present Perfect Simple 57, 60
  + Present Perfect Simple oder Past 61
every 147–148
every, each, all (Übersicht) 149
everybody, everyone, everything 148
expect (in Kurzaussagen) 20

F *few* 153–154
finite Verbform 105
Flächenmaße 211
for
  + indirektes Objekt 14, 15
  Präposition 193
  + Present Perfect Simple 57, 59, 60
  + Present Perfect Continuous 58, 59
  + Present Perfect oder Past 61
forget
  + -*ing*-Form/+ *to*-Infinitiv 120
  in Kurzaussagen 21
Frageanhängsel 26, 28, 29, 80
Fragesätze 12, 23–27
  Entscheidungsfragen 23–24
  mit Fragewörtern 25
  indirekte Fragesätze 190
  verkürzte Fragen 27
Fragewörter 144–145
  mit oder ohne *do*-Umschreibung 25
  + *to*-Infinitiv 113

G Genitiv (s. *'s*-Genitiv)
get
  get-Passiv 78
  + Partizip Perfekt 123
Gewichte und Maße 211–212
go on + -*ing*-Form/+ *to*-Infinitiv 121
going to-Future 66–67
Grundform des Verbs 106
Grundzahlen 205
guess (in Kurzaussagen) 20

H *had better* 100
Häufigkeitszahlen 206
hard/hardly 166
Hauptsätze 174–175
have
  (primäres) Hilfsverb 18, 24, 80
  Vollverb 18, 24
  + Objekt + Ø-Infinitiv 114
  + Partizip Perfekt 123
  Zustands- oder Handlungsverb 48
have to, have got to 83, 97–98, 99
her
  nach *it's/it was* 138
  Personalpronomen 137
  Possessivbegleiter 139
high/highly 166
Hilfsverben 79–104
  Ersatzformen 82–83
  modale Hilfsverben 81–104
  primäre Hilfsverben 80
  und Vollverben 79
him (nach *it's/it was*) 138
Hohlmaße 212
hope (in Kurzaussagen) 20
how
  Fragewort 25, 145
  in Ausrufesätzen 30
how long
  + Present Perfect Simple 57, 59, 60
  + Present Perfect Continuous 58, 59

I *if*
  in indirekten Fragesätzen 190
  in Bedingungssätzen 184
if-Sätze (= Bedingungssätze) 184–186
in 191, 194
indefinite Begleiter und Pronomen 147–155
indirekte Rede 187–190
indirektes Objekt
  Stellung 14, 15, 33
  in Passivsätzen 76
  nach bestimmten Verben 33
infinite Konstruktionen 105–124
  Übersicht 108–110
infinite Verbformen 105–107
  Übersicht 122
Infinitiv 111–114
  Formen 106
  oder -*ing*-Form? 118–121

-ing-Form 106, 115–118, 120–121, 180
  oder Infinitiv? 118–121

it
  + *-ing*-Form 117
  Personalpronomen 137–138

its 139

J *just* + Present Perfect Simple 57, 60

just/justly 166

K *know* (in Kurzaussagen) 21

Komparativ
  bei Adjektiven 158–161
  bei Adverbien 167–168

komplexer Satz 174–190

Konjunktionen 181–184
  + Partizip Perfekt 124

Kurzantworten 21

Kurzaussagen 18, 19
  als Kommentar 19–20
  mit bestimmten Verben 20–21

Kurzformen 218

L Längenmaße 211

late/lately 166

let's (in Aufforderungssätzen) 29

like 183

little 153, 154

M *make* + Objekt + Ø-Infinitiv 114

many 153–154

Maße und Gewichte 211–212

mathematische Operationen 208

may 81, 83, 84, 89, 90, 91–93, 102

maybe 170

me (nach *it's/it was*) 138

might 81, 83, 84, 91–93, 102

modale Hilfsverben 81–104
  Ersatzformen 82–83
  Form 81–82
  Gebrauch 84–104
  Passiv 74
  Übersicht 84–85, 102–104

more, most
  + Adjektiv 159
  + Adverb 167

much 153

must
  Form 81, 83
  Gebrauch 85, 97–99, 103

must not 85, 97, 98, 99, 103

N Nebensätze 174–190
  adverbiale Nebensätze 181–184
  Funktion 175
  Relativsätze 177–181
  that-Sätze 176–177
  verkürzte Nebensätze 124, 180–181
  Wortstellung 176

need not 81, 101, 103

neither 19, 151, 175

never
  + Present Perfect Simple 57, 60
  + Present Perfect oder Past 61
  verneinte Aussagesätze 18

no, nobody 18, 152

no one 152

Nomen 125–131
  Adjektiv als Nomen 157
  Geschlecht 125–126
  Paarwörter 129
  Sammelbegriffe 129
  Singular und Plural 126–129
  zählbar und nichtzählbar 128

Nominalteil + *to*-Infinitiv 112

none 152

nor 19, 175

not a 152

not any 152

not as . . . as 168

nothing 152

O *0* (als Symbol) 208

Ø-Infinitiv 114
  Übersicht (Gebrauch) 108–109

Objekt
  direktes und indirektes Objekt 14–15, 32, 33
  bei Präpositionalverben 34–35
  in Passivsätzen 76

Objektkomplement 38

of
  anstelle des *'s*-Genitivs 131
  vor Possessivbegleiter 140
  vor Possessivpronomen 140, 148

often + Present Perfect Simple 60

on 194

one
  als Ersatzwort 154
  unpersönlicher Gebrauch 138

one another 155

only
  Adjektiv 156
  Adverb 165

Ordnungszahlen 206

ought to 81, 85, 96, 103, 104

own 140

P Partikelverben 34–35
  ohne direktes Objekt 32

Partizipialkonstruktionen 180–181

Partizip Perfekt
  nach *get* 123
  nach *have* 123
  nach Konjunktionen 124
  Übersicht (Gebrauch) 110
  und *-ing*-Form 123–124
  zur Verkürzung von Nebensätzen 124, 181

Passiv 73–78
  Form und Gebrauch 74–75
  „man"-Konstruktion im Deutschen 77

mit *get* 78
mit Verben des Meinens und Berichtens 78
Satzmuster 76–77
und Aktiv 74
Zeitformen (Übersicht) 73–74

Past Continuous
Form und Gebrauch 54
Passiv 73
und Past Simple 54–55

Past Perfect 63–64

Past Perfect Continuous 64

Past Perfect Simple 63

Past Simple
Form und Gebrauch 52–53
Passiv 73
und Past Continuous 54–55

Past Tense 52–55

perhaps 170

Personalpronomen 136–138
Form und Gebrauch 136
in Passivsätzen 76

Plural von Nomen 126–129

Possessivbegleiter
Form und Gebrauch 139–140
+ *own* 140
und Possessivpronomen 139–140

Possessivpronomen 140

Präpositionalverben 34–35

Präpositionen 180, 191–194

Present Continuous
Form und Gebrauch 51
Passiv 73
Zukunft 67

Present Perfect 55–59

Present Perfect Continuous 58

Present Perfect oder Past? 60–62

Present Perfect Simple
Form und Gebrauch 55, 56–57
Passiv 73
und Present Perfect Continuous 59

Present Simple
Form und Gebrauch 49–50
Passiv 73
Zukunft 68

Present Tense 49–51

primäre Hilfsverben 80, 81

Pronomen 136–155

R Raummaße 211

recently + Present Perfect oder Past 61

Reflexivpronomen 141

Relativpronomen 146, 177

Relativsätze 177–181
notwendige Relativsätze 178, 179, 180
nichtnotwendige Relativsätze 178, 180
ohne Relativpronomen 179

remember
in Kurzaussagen 21
+ *-ing*-Form/+ *to*-Infinitiv 120

S *-s*-Endung beim Present Simple 49

's-Genitiv 130–131

Satz
einfacher Satz 12–30
komplexer Satz 174–190

Satzarten 12

Satzmuster im Passiv 76–77

see
in Kurzaussagen 21
Verb der Wahrnehmung 48, 118–119
Zustands- oder Handlungsverb 48

shall 81, 85, 95, 102

she 137

should 81, 85, 96

Simple Form und Continuous Form 41

since 183, 184
+ Present Perfect Simple 57, 59
+ Present Perfect Continuous 58, 59

Singular von Nomen 126–129

so
Verstärker 173
im Kommentar 19

so (that) 182

some 149–150

somebody, someone, something 150

Steigerung
von Adjektiven 158–161
von Adverbien 167–168

still
Zeitadverb 171
Adjektiv und Adverb 165

stop + *-ing*-Form/+ *to*-Infinitiv 120

Subjekt 13
in Fragesätzen 25, 27
in Passivsätzen 76, 77
there als Subjekt 22

Subjektkomplement 37

Superlativ 158–160

suppose (in Kurzaussagen) 20

T Text 7–11

that
Demonstrativbegleiter/-pronomen 142–143
Konjunktion 176–177
Relativpronomen 146, 177
Verstärker 173
Redewendungen mit *that* 143

the
Artikel 132–134
Geschlecht 125

the . . . the 168

their 139

them 137, 138

there 22

these 142

they 137, 138

think
in Kurzaussagen 20
Zustand oder Handlung 48

this
Demonstrativbegleiter/-pronomen 142–143
Verstärker 173
+ Present Perfect und Past 61

those 142

though
im Kommentar 20
Konjunktion 183

to 192, 194

to + indirektes Objekt 14, 15, 76

to-Infinitiv 111–114
nach Adjektiven 113
nach Fragewörtern 113
nach Nominalteil 112
nach Verben 111, 120–121
nach Verben und Objekt 112
Übersicht 108
Verneinung 111
Zweck, Absicht 114

too (im Kommentar) 19

try + *ing*-Form/+ *to*-Infinitiv 121

U Uhrzeit 210

unbestimmter Artikel 132, 134–135

unless 184

unregelmäßige Verben 216–218

until 69

used to 99, 101

V Verb
+ Adjektiv 157
+ Ergänzungen 31–38
mit und ohne Ergänzung 32
finite und infinite Form 105–107
+ infinite Verbform 122
+ *ing*-Form 109–110, 115
mit -*ing*-Form oder Infinitiv 118–122
mit direktem Objekt 32
ohne direktes Objekt 32
mit indirektem Objekt 15
mit zwei Objekten 33
mit Objektkomplement 38
+ Partizip Perfekt 110
mit Subjektkomplement 37
unregelmäßige Verben 216–218
Verben der Wahrnehmung 48
der Wahrnehmung + Ø-Infinitiv/+ *ing*-Form 118–119
Zeitformen (Übersicht) 39–40
mit Zukunftsbedeutung 69
Zustands- und Handlungsverben 48

Verbformen mit *would* 40, 70–71

Verbkonstruktionen mit modalem Charakter 99–101

Verbteil: Zeitformen und ihr Gebrauch 39–72

Verdoppelung von Konsonanten 219

verkürzte Aussagesätze 18–21, 22

Verneinung
to-Infinitiv 111
mit Negativwörtern 18, 152
von Aussagesätzen 16–18, 19, 20
von Entscheidungsfragen 24

Vollverben und Hilfsverben 79

W *well* (Adjektiv und Adverb) 165

what
in Ausrufesätzen 30
in Fragesätzen 25, 144

when
in Fragesätzen 25, 145
Konjunktion 69, 181

where
in Fragesätzen 25, 145
Konjunktion 182

which
in Fragesätzen 25, 145
Relativpronomen 146, 177

who
in Fragesätzen 25, 144
Relativpronomen 146, 177

whom
in Fragesätzen 25, 144
Relativpronomen 146, 177

whose
in Fragesätzen 25, 145
Relativpronomen 146, 177

why (in Fragesätzen) 25, 145

will 81, 85, 93–94, 102, 103

will-Future (Form und Gebrauch) 65–66

Wortstellung in Aussagesätzen 13

would
in Bedingungssätzen 184–186
Bildung von Zeitformen 40, 70–72
modales Hilfsverb 81, 85, 95, 102

Y *yet* 171
+ Present Perfect Simple 57, 60

you 136, 137, 138

Z Zahlen 205–209

Zeit und Zeitform 40–41

Zeitform 39–72
Übersicht 39–40
und Aspekt 43
und Bedeutung 42
und Zeitbezug 43

Zeitkonjunktionen und Zukunft 69

Zukunft 65–70
Future Continuous 67–68
Future Perfect Simple 70
going to-Future 66–67
Passivformen 73
Present Continuous 67
Present Simple 68
Verben mit Zukunftsbedeutung 69
will-Future (Future Simple) 65–66
und Zeitkonjunktionen 69